福祉国家の日韓比較

「後発国」における雇用保障・社会保障

金 成垣

明石書店

はじめに

　福祉国家の歴史的展開のなかで、日本と韓国は、西欧の「先発国」に比べて「後発国」と位置づけられる。ただし、「後発国」とはいえ、日韓両国における福祉国家の展開にもタイムラグが存在しており、そこに着目すると日韓の違いがみえてくる。すなわち、韓国を「後発国」と位置づけるとすれば、日本は「先発国のなかの後発国・後発国のなかの先発国」と位置づけられるのである。このような時間軸の比較視点は、G. Esping-Andersen の福祉レジーム論を含む従来の比較福祉国家研究に対して重要な理論的示唆をもつものの、そのような視点による本格的な国際比較分析はほとんど行われてこなかった。

　そこで本書では、「後発国」としての日韓の類似と相違およびその要因を分析し、それによって、「後発国」の多様性を捉える時間軸の比較視点が、日韓のみならず西欧の「先発国」を含む福祉国家の国際比較分析のために欠かせない視点であることを明らかにする。これを通じて、従来の比較福祉国家研究とは異なる新しいアプローチの可能性を探ることが本書の最終的な目的である。

　以上の目的にそって、本書における日韓比較分析は、どちらかといえば、政策論的分析より歴史・現状分析に焦点をおいていることを述べておきた

い。すなわち、「先発国」としての西欧の福祉国家と「後発国」としての日韓の福祉国家にみられる同異とそれをもたらした歴史的経路や因果構造、また、同じ「後発国」でありながらも日韓両国の福祉国家にみられる同異とそれをもたらした歴史的経路や因果構造を明らかにするという歴史・現状分析が中心となっており、その一方で、各福祉国家がそれぞれあるいは共通に抱えている問題や課題についての政策論的分析は最小限にとどめている。それは、本書がその歴史・現状分析を通じて、時間軸の比較視点を重視した比較福祉国家研究の新しいアプローチを探るという理論的な問題関心から出発しており、具体的な制度・政策の問題点や改革課題を探るという実践的な側面には大きな関心をおいていないからである。ただし無関係ではなく、本書の理論的な問題関心や歴史・現状分析が、実践的な問題関心やそれによる政策論的分析のための基礎作業になることと考えられる。

　本書全体の構成は次の通りである。序章では、日韓比較分析を行う本書の問題意識と目的そしてその理論的意味を明らかにする。第1章と第2章では、従来の比較福祉国家研究を批判的に検討し日韓比較分析のための新しい視点を見出す。第3章〜第5章では、その新しい視点、すなわち時間軸の比較視点にもとづいて日韓比較分析を行い、両国の類似と相違そしてその要因を明らかにする。終章では、以上の分析をふまえつつ時間軸の比較視点の重要性を浮き彫りにし、日韓比較を超えた福祉国家の多国家間比較分析を展開するための新しいアプローチの可能性を提示する。

福祉国家の日韓比較
──「後発国」における雇用保障・社会保障

目　次

はじめに——3

序章
比較福祉国家研究のなかの日本と韓国
1 福祉レジーム論は「希望のメッセージ」であったのか——9
2 後発国としての日韓——17
3 後発国の多様性を探る——20

1章
福祉国家研究の2つの潮流
1 「縦」の歴史比較と「横」の国際比較——27
2 〈経済学系〉福祉国家研究と〈社会学系〉福祉国家研究——28
  (1) 日本における福祉国家研究
  (2) 段階論的アプローチ
  (3) 類型論的アプローチ
3 東アジア福祉国家研究の展開のなかで——37

2章
日韓比較分析の新しい視点
1 東アジア福祉国家研究の興隆——45
2 時間軸の比較視点から福祉国家を分析する——49
  (1) 求められる「時間差」を捉える視点
  (2) 「時間」をみるか「差」をみるか
  (3) 段階論的アプローチと類型論的アプローチの結合の試み
3 日韓比較分析のために——55
  (1) 雇用保障と社会保障からなる福祉国家
  (2) 後発国の多様性へ

3章
時間軸の比較視点でみた日本の福祉国家
1 日本における福祉国家の成立——65
2 雇用保障と社会保障の特徴とその要因——67
  (1) 「全部就業政策」を基軸にする雇用保障

(2)「混合型社会保険」を基軸にする社会保障
        (3) 後発資本主義国としての日本
    3　成立後の展開——— 73

4章
日本との比較でみた
韓国の福祉国家
    1　韓国における福祉国家の成立——— 83
    2　雇用保障と社会保障の特徴とその要因——— 86
        (1)「全部就業政策」vs.「全部雇用政策」
        (2)「混合型社会保険」vs.「単一型社会保険」
        (3)「工業化時代の福祉国家成立」vs.「サービス化時代の福祉国家成立」
    3　成立後の展開——— 93

5章
日韓における
失業・貧困対策
    1　失業・貧困対策の展開——— 101
    2　失業・貧困対策の特徴とその要因——— 104
        (1) 日韓の「二層体制」と西欧の「三層体制」
        (2) イギリスにおける「三層体制」の歴史的経路
        (3) 日韓における「二層体制」の誕生とその帰結
    3　「二層体制」の今後——— 109

終章
日韓比較を
超えて
    1　日韓比較のまとめ——— 115
    2　再び福祉レジーム論へ——— 118
        (1) 3つのレジームの背後にあるもの
        (2) 時間軸の比較視点でみた3つのレジーム
    3　今後の比較福祉国家研究に向けて——— 125

付章1
韓国における雇用保障政策
── 「21世紀型完全雇用政策」

  はじめに ─── 131
  1 雇用保障政策の展開 ─── 132
  2 雇用創出・拡大政策の中身 ─── 134
   （1）「雇用創出総合対策」
   （2）核心政策としての「社会的雇用」事業
   （3）「社会的企業育成法」の成立とその後の展開
  3 「20世紀型完全雇用政策」と「21世紀型完全雇用政策」 ─── 142

付章2
福祉国家化以降の韓国社会
── 「過酷な現在・不安な将来」

  はじめに ─── 149
  1 福祉国家へ、そして格差社会へ ─── 150
  2 「過酷な現在・不安な将来」の諸相 ─── 151
   （1）最高水準の自殺率と最低水準の出生率
   （2）最低水準の若年就業率と最高水準の高齢者貧困率
   （3）最低水準の家族関連給付と最高水準の教育費
  3 「20世紀型福祉国家」と「21世紀型福祉国家」 ─── 163

  参考文献 ─── 171
  初出一覧 ─── 185
  索引 ─── 186
  あとがき ─── 193

序章
比較福祉国家研究のなかの日本と韓国

1 福祉レジーム論は「希望のメッセージ」であったのか

「古くて新しい」問い

　国際比較でみた場合、日本と韓国の福祉国家はいかに特徴づけられるのか。この問題設定はけっして「新しい」ものではない。なぜなら、この数十年間の比較福祉国家研究のなかで問いつづけられてきたものであるからである。しかし「古い」ともいえない。なぜなら、長いあいだに問いつづけられてきたにもかかわらず、いまだに納得できる答えが出ていないからである。本書の課題は、日本と韓国の福祉国家の国際比較的な特徴を問うこの「古くて新しい」問題設定に尽きる。

　その出発点において、比較福祉国家研究のなかでもっとも影響力の強いG. Esping-Andersen（1990＝2001）の福祉レジーム論を取り上げることに異論はないであろう。ただし、福祉レジーム論の紹介や解説が本書の目的ではないし、それについてはすでに多数の研究書や論文で取り上げられている。[1]ここでは主に、日本と韓国の福祉国家研究における福祉レジーム論の展開を概観しながら、その意義や限界を検討することで、上記の「古くて新しい」問題設定に至った背景と本書全体の目的を明らかにする。

福祉レジーム論の展開

　Esping-Andersen の『福祉資本主義の 3 つの世界』(*The Three Worlds of Welfare Capitalism*) が出版されたのは 1990 年であるが、それが日本で初めて紹介されたのは、1992 年の宮本の論文「福祉国家レジームと労働戦略――3 つの軌跡」である（宮本 1992）。この論文で宮本は、福祉レジーム論の登場背景や中身またその新しさや今後の展望など、福祉レジーム論を紹介することに主な焦点をおいている。一方、その 3 年後に発表された埋橋の論文「福祉国家の類型論と日本の位置――Esping-Andersen の所説を手がかりにして」は、福祉レジーム論にもとづいて初めて日本の福祉国家を分析したものである（埋橋 1995）。この論文が、日本における比較福祉国家研究の嚆矢ともいわれる埋橋の著作『現代福祉国家の国際比較――日本モデルの位置づけと展望』(1997) の出発点になった研究である。この埋橋の論文と著作によって、日本の福祉国家についての国際比較研究が本格的にスタートし、その後、Esping-Andersen の著作の和訳を含め、日本だけでなく、韓国などを含む東アジア諸国・地域を対象としたさまざまな研究が展開されることとなった。この十数年間の日本における福祉国家研究をみると、Esping-Andersen の福祉レジーム論にふれずに分析に取り組んでいるものは皆無であるといってよいほど、彼の議論は絶大な影響力をもつものであった。[2]

　一方、韓国の状況をみると、福祉国家研究の分野において福祉レジーム論が本格的に議論されるようになったのは、1990 年代末以降である。当時、韓国がアジア金融危機をきっかけとしてラディカルな制度改革を行い福祉国家化に乗り出すなか、国内の研究者のあいだで福祉レジーム論への関心が高まり、それに依拠したかたちで、韓国の福祉国家の特徴や改革の方向性をめぐる議論が活発に行われるようになった。とくに 1990 年代末から 2000 年代初頭にかけて展開された「韓国福祉国家性格論争」[3]といわれる一連の議論である。それが論文集『韓国福祉国家性格論争Ⅰ』（キム・ヨンミョン編 2002＝2006）として出版され、それ以降、福祉レジーム論が韓国の福祉国家研究におけるメインストリームとなった。2000 年代末には『韓国福祉国家性格論争Ⅱ』（チョン・ムグォン編 2009）が出版されており、そこにおいても依然として福祉レジーム論は韓国の福祉国家を分析するさいのもっとも核心的

な枠組みの1つとなっている。

　Esping-Andersen の福祉レジーム論が登場して以来、20年を越える歳月を経ているにもかかわらず、日本でも韓国でもまた世界的にも、その影響力は弱まっていないようにみえる。そこにはさまざまな理由があるだろうが、少なくとも日本や韓国の状況でみると、以下でみるように、福祉レジーム論が各国の福祉国家の特徴やその国際的な位置づけを分析するさいに、従来の議論とは異なり、多様な選択肢を提供したことが何より大きい要因であると思われる。

「希望のメッセージ」としての福祉レジーム論

　Esping-Andersen は、福祉国家の多様性について社会民主主義、保守主義、自由主義という3つのレジームを提示し、各福祉国家が、新自由主義的な政策傾向が強まっている今日のグローバル化のなかでも、それぞれの特徴を持続的に維持していることを明らかにしている（Esping-Andersen 1990 ＝ 2001 ; 1999 ＝ 2000）。多様な歴史的経路や因果構造のなかで形成されてきた福祉国家はその成立過程のみならず、その後においても多様性を保ったまま展開されているというのである。このような彼の議論は、宮本の指摘のように、世界共通の市場主義の圧力にもかかわらず、各福祉国家の今後の進路に関する政策論の展開に対して「選択肢は多様である」ことを示したという意味で、「福祉国家の未来を憂える者に希望を与える」ものであった（宮本 2006：27）。埋橋は、1990年代以降、日本の福祉国家における政策論の展開において、福祉レジーム論が多様な選択肢を与えたという意味で「希望のメッセージ」であったと評価しているが（埋橋 2008：68）、日本のみならず、1990年代末のアジア金融危機以降、急速にすすめられた韓国の福祉国家化の過程においても、福祉レジーム論は同様の役割を果たしたといえる。

　ところで、ここで注目したいのは、以上のような政策論の分野だけでなく、福祉国家の歴史・現状分析とその国際比較分析のための理論研究の分野においても、福祉レジーム論が「希望のメッセージ」であったということである。というのは、以下でみるように、彼が提示した3つのレジームが、従来の福祉国家研究にみられる二分法的認識の限界を超えることによって、日本と韓国を国際比較の俎上に載せるうえで重要な理論的視点を提供したからであ

る。

　福祉国家研究の初期の代表的な議論として、H. L. Wilensky（1975 ＝ 1985）をあげることができる。彼が示した「福祉先進国」と「福祉後進国」という分類は、制度導入の時期や社会支出の量などを基準に見出されたものであるが、このような基準にしたがった場合、日本と韓国は西欧の「福祉先進国」に比べ、制度整備の不十分さやその支出の低さなどから「福祉後進国」として位置づけられるしかなかった。R. Titmuss（1974）の「制度的再分配モデル」と「残余的モデル」やC. Jones（1985）の「福祉」資本主義と福祉「資本主義」といった分類においても大きく変わらない。

　しかしEsping-Andersenの福祉レジーム論においては、制度整備やその支出の水準などの国家間の「量的差異」より、福祉の生産や分配の方式また社会支出や制度のあり方といった「質的差異」が強調される。彼のいう社会民主主義・保守主義・自由主義という3つのレジームはそういった基準による分析の結果であり、これにより、日本や韓国が西欧の福祉国家に比べて「量的に低位である」という単線的な認識ではなく「質的に異なる」特徴をもつものと捉えることが可能になったのである。

　実際、このようなEsping-Andersenの福祉レジームに依拠するかたちで、1990年代後半以降、日本や韓国に関する多様な特徴づけが行われるようになった。

　日本に関していえば、Esping-Andersen自身は当初、日本を保守主義レジームの一種と位置づけていたが、その後、自由主義と保守主義の「混合型（hybrid）」であると主張している（Esping-Andersen 1990 ＝ 2001；1997；1999 ＝ 2000）。日本国内でみると、埋橋（1995；1997）や宮本（1997；2008）の研究のなかに類似の見解がみられる。ただしそこには、日本の福祉国家が、社会支出の低さに代表される自由主義的な特徴と分立型社会保険制度に代表される保守主義的な特徴だけでなく、完全雇用の実現のような社会民主主義的な側面も併せもつという点が強調されている。つまり、3つのレジームの「混合型」ということになる。またその他に、3つのレジームとは異なる特徴をもった第4のレジームとして日本を位置づける議論も展開されている[4]。

　1990年代末以降の韓国でも似たような状況がみられた。上記の「韓国福

祉国家性格論争」、とくに『韓国福祉国家性格論争Ⅰ』（キム・ヨンミョン編 2002 = 2006）をみると、韓国を、日本と同様の理由から、自由主義または保守主義レジームと位置づける議論もあれば、その両レジームの混合の特徴をもつと捉える議論もある。さらには 1990 年代末以降における社会保険の一元化やそれによる社会保障制度の普遍主義的な拡大に着目して社会民主主義的な特徴を見出している議論もある。3 つのレジームをベースにしつつも、それとは異なる特徴を浮き彫りにし、第 4 のレジームの可能性を強調する議論が展開されているのも日本と同様である。

　自由主義や保守主義レジーム、あるいはこの 2 つの「混合型」また社会民主主義レジームを含む 3 つの「混合型」さらには第 4 のレジームなど、その分析の是非はともあれ、このような多様な特徴づけの登場は、これまで主に西欧を中心に展開されてきた福祉国家研究の射程を広げるうえで、福祉レジーム論が非常に大きく貢献していることを物語っている。「先進」か「後進」か、あるいは「発達」か「未発達」かといった従来の議論にみられたような、「量的差異」を重視した単線的あるいは進化論的な認識から脱皮して、「質的差異」に着目し西欧の福祉国家と同一線上で日本や韓国を特徴づけることが可能になったのである。この意味において、福祉レジーム論は、政策論の展開において「希望のメッセージ」であったのと同様に、歴史・現状分析や国際比較のための理論研究においても、日本と韓国に対して多様な特徴づけの選択肢を与えたという意味で「希望のメッセージ」であったといってよいであろう。

福祉レジーム論への問題提起
　ところで、以上のように福祉レジーム論に依拠しながら日本や韓国の福祉国家に関するさまざまな研究が行われるなか、その一方においては、それらの研究の限界や問題点も少なからず提起されてきた。
　たとえば、埋橋が初めて福祉レジーム論による日本の特徴づけを試みた論文をみると、結論のところで「Esping-Andersen の分析フレームワーク内で、日本の福祉国家レジームの性格を論じ尽くすことはできないし、その位置を確定できるわけでもない」（埋橋 1995：13）また、「Esping-Andersen の類型論をそのままわが国に適用することに無理が伴う」（埋橋 1997：164）と

述べているように、じつは当初から日本を分析するさいの福祉レジーム論のもつ限界が提起されていた。それ以降、多くの研究者によって同種の問題が提起されるようになるが、なかでももっとも重大な問題として指摘されてきたのが、福祉レジーム論による分析から浮き彫りになる日本の「座りの悪さ」である。

　すなわち、福祉レジーム論を適用して日本を分析するさまざまな研究をみると、Esping-Andersenのいう3つのレジームのうちいずれかに「ぴったり」合うことはなかった。そこでどのレジームに属するかをめぐる論争が起きたり、あるいは2つまたは3つのレジームの「混合型」として位置づけられたりするような状況が発生した。このような状況に対して、以下の指摘に示されているように、そもそも福祉レジーム論が欧米諸国の経験をベースにしたものであるため、日本の分析には通用しないのではないかという問題提起がなされるようになった。

> 日本はこの類型の中でどのように位置づけられるのであろうか。制度構造だけを見るならば、……社会保険は職域ごとに分立し、介護や育児では家族の負担もまだ大きい。その点では保守主義レジームとの共通性が強かった。ところが、社会保障支出はヨーロッパの保守主義レジーム、たとえばドイツやフランスなどに比べてはるかに小さく、この点ではアメリカなどの自由主義レジームに近かった。さらに雇用状況、バブル崩壊までの失業率に関するかぎり、社会民主主義レジーム並みに良好であった。日本は、この類型では目立って据わりが悪い。これはこの類型論の方に根本的な欠陥がある、あるいは欧米だけに通用する類型だからではないか、という疑問も表明される。（宮本 2008：18-19）

> エスピン・アンデルセンが『日本は保守主義と自由主義のハイブリッドだ』と言わざるをえなくなることからも明らかなように、脱商品化スコアの値によって帰結させたレジームが、それ以外の点では、まったく異なるレジームの特性をもつということもありうる。……欧米社会の通時的かつ共時的な分析の産物である3つのレジームを非西欧社会に機械的に適用することには、そもそもの無理がある。（武川 2007：122）

このような問題提起はまさに、韓国が３つのレジームのうちいずれのレジームの特徴をもつか、またはいずれか２つあるいは３つのレジームの混合的な特徴をもつかを争った「韓国福祉国家性格論争」のなかでもみられたものである(5)。いずれにせよ、この状況からすると、福祉レジーム論に依拠する比較分析において、納得のいく結論が出ているとはいえない。福祉レジーム論を適用することによって日本や韓国の国際比較的な特徴が明らかになるのではなく、むしろ「座りの悪さ」だけが浮き彫りになってしまったのではないかといわざるをえないのであろう(6)。

福祉レジーム論の拡張の試みとその限界

以上のような問題が認識されるなか、日本や韓国を分析するさいに福祉レジーム論の枠組みを機械的に適用するのではなく、そこに新しい視点を導入することによってその枠組みを修正あるいは拡張することが求められるようになった。その新しい視点というのは何より、狭義の福祉国家と、労働市場や企業またNPOや家族などのそれ以外の制度領域との関係に着目する視点であった。

たとえば日本に関していえば、最初に埋橋が福祉レジーム論に依拠して日本を分析した研究において、「混合型」という日本の福祉国家の一側面をなす残余主義的な自由主義レジームの特質が、アメリカにみられるそれと同様のものというより、労働市場における雇用政策が福祉国家の機能を代替することによって生まれたものであるという点が指摘された（埋橋 1995；1997）。つまり、福祉国家と雇用政策との「代替関係」が日本の特徴として注目されたわけだが、それ以来、その「代替関係」を構成する多様な制度・政策が指摘されるようになった。一方では、埋橋が指摘した労働市場に着目しながらも、公的な雇用政策のみならず、終身雇用や福利厚生、家族賃金などの大企業の雇用慣行、中小企業や農業部門に対する各種保護政策、大規模な公共事業などが複合的にその「代替関係」を構成するということが指摘された（宮本 1997；武川 2005）。また他方では、福祉国家とも労働市場とも異なる制度領域にある家族の役割が強調され、ジェンダー視点の導入によって、「家族主義レジーム」や「男性稼ぎ主」型といった日本の新しい特徴づけも試みられた（新川 2005；大沢 2007）。さらには、以上の諸制度を含む

かたちで、公共事業・福利厚生・家族福祉という3つの制度からなる、いわゆる「疑似福祉システム」が日本の特徴として指摘されることもある（宮本／イト／埋橋 2003）。

「韓国福祉国家性格論争」をみても、「代替関係」を取り上げる議論が活発に展開されている[7]。とくに『韓国福祉国家性格論争Ⅱ』（チョン・ムグォン編 2009）がそうであるが、そこには、韓国において福祉国家の代替的な機能を担うものとして、家族の強い扶養能力に注目する議論もあれば、企業の福利厚生の役割に注目する議論もある。また家族や企業に加え、NPOなど非営利組織の機能にも目を配りつつ、西欧の福祉国家とは区別される「混合型福祉システム」として韓国の特徴を浮き彫りにする議論も展開されている。

日本であれ韓国であれ、以上のような「代替関係」を重視する研究には、福祉レジーム論で看過あるいは軽視されている側面に着目することによって、福祉レジーム論の機械的な適用による日本や韓国の「座りの悪さ」を解明しようとする問題意識が反映されている。なかには、大沢の研究にみられるように、日本を「複数類型の折衷としてではなく、典型に据える」というより積極的な試みもある（大沢 2007：54）。

しかしながら、それらの試みによって、従来の「座りの悪さ」の問題が完全に解決できたかというと必ずしもそうではない。上で取り上げた研究すべてにあてはまるわけではないが、そういった研究は、依然としてEsping-Andersenの枠組みに引っ張られ、個別国の個別的な事情を浮き彫りにしながら、その3つのレジームの上に第4、第5……のレジームを、いわば屋上屋を架すといったような印象の強いものに終わっているからである。「代替関係」による「座りの悪さ」の説明についても、日本に関してはある程度の説得力をもつものの、韓国に関しては、3つのレジームに照らした場合の「座りの悪さ」を説明するというより、単に韓国における福祉国家の「未発達」を説明する議論と化してしまう危険性が非常に高い[8]。さらに重要なのは、日本であれ韓国であれ、その「代替関係」に関する議論をみると、福祉レジーム論の核心ともいえる、3つのレジームが導出される歴史的経路や因果構造は捨象され、その3つのレジームの表面的な特徴からはみ出している日本や韓国の特徴だけが事後的に説明されることが多いということである。このような議論が、福祉レジーム論の枠組みを修正あるいは拡張する

ことに成功したとはいえないであろう。

「希望のメッセージ」であったのか？

　以上のような限界を抱えながらいままで展開されてきた福祉国家研究のなかで、日本や韓国について何が明らかになったのだろうか。福祉レジーム論に依拠することにより、「福祉先進国 vs. 福祉後進国」といった従来の単線的な認識から離れて、多様な選択肢を確保することができたが、いまだに納得できる結論は出ておらず、単に「多様な側面の多様な特徴」だけが指摘されているのが今日の福祉国家研究の現状ではないかと思われる。そのため、「(日本は) どの典型的タイプにも属さない」(埋橋1997：156) あるいは「韓国の福祉国家の性格は、Esping-Andersen のいずれのレジームにもあてはまらない」(チョン・ムグォン編 2009：25) といった理由から、「福祉レジーム論のどのレジームに属するか」といった問いそのものが誤っており、このような「福祉レジーム論争は終わらせなければならない」という主張までみられているのが現状である (武川2007：121-122)。[9]

　福祉レジーム論が日本や韓国の福祉国家の分析にさいして、選択肢は多様であるという「希望のメッセージ」であったことは否めない。しかし以上でみてきたように、その福祉レジーム論に依拠することにより、むしろ日本と韓国の具体的な歴史と現状がみえにくくなり、そのためその国際比較的な位置づけも的確に捉えることができなくなっているのではないか。福祉レジーム論は果たして「希望のメッセージ」であったのか、といわざるをえないのである。

2　後発国としての日韓

「後発国」としての日韓

　もちろん、日本と韓国だけでなく、欧米の多くの国々においても多様な境界事例が発見されており、そのため福祉レジーム論の妥当性をめぐる議論が展開されているのが現状である。[10] そもそも Esping-Andersen の社会民主主

義・保守主義・自由主義レジームはそれぞれスウェーデン・ドイツ・アメリカの分析から導出されたもので、それ以外の国に対してその3つのレジームが「ぴったり」合わない状況がみられるのは当然ともいえる（武川2007：169）。

ただし、以上でみてきた日本と韓国にかぎって考えれば、そのような福祉レジーム論のもつ一般的な限界には還元されない、両国共通の特殊な事情に注目すべきである。それは、日本と韓国が、西欧の多くの国々に比べて遅れて福祉国家化に乗り出した、いわゆる福祉国家の「後発国」であり、その「後発国」としての両国の経験が、福祉レジーム論を適用した場合に浮き彫りになる「座りの悪さ」、そしてそこにみられる「代替関係」についての歴史的経路や因果構造を解明する手がかりを提供しうるという点である。

たしかに日本と韓国の「座りの悪さ」の問題やその解消策についての議論のなかで、しばしば「後発国」を捉えるための時間軸の比較視点の必要性が指摘されてきた。たとえば、日本や韓国などを含む東アジアの福祉国家を分析するためには、「Esping-Andersenの『3つの世界』モデルでは明示的には取り上げられていない〈時間軸〉の経済・社会構造への影響の一端を探る」（宮本／イト／埋橋2003：296）ことが必要であるという指摘、あるいは福祉レジーム論を深化させる方向は「時間軸に沿った視野の拡大であり、後発福祉国家の理論的包摂である」（宮本2003：22）という指摘である。また「東アジア諸国・地域を比較福祉国家研究のなかに位置づけるためには、……『時間』の視点を取り入れるアプローチを考えてみることが有用である」（崔榮駿2010：464）、「今日、東アジア福祉国家研究で指摘されている方法論的限界の多くは、福祉国家の展開過程における『後発』という問題を無視していることに起因する」（キム・ソンウォン2009：398）という指摘も同様の文脈で捉えられる。

要するに、日本や韓国の福祉国家の国際比較的な特徴を明らかにするためには、福祉レジーム論には含まれていない時間軸の比較視点を取り入れる必要があるということである。時間軸の比較視点から「後発国」としての日韓の特徴を探ることによって、単に「座りの悪さ」や「代替関係」を指摘することにとどまらず、その背後にある歴史的経路や因果構造の問題を明らかにすることができるのではないだろうか。

「先発国のなかの後発国・後発国のなかの先発国」としての日本

ただし、ここで注意しなければならないのは、日本と韓国がともに「後発国」といっても、日韓両国のあいだにも福祉国家展開のタイムラグが存在するということである。時間軸の比較視点を重視するスタンスからすると、当然ながらそのタイムラグの帰結としての日韓両国の相違にも注目しなければならない。

たしかにこの点についても、これまでいくつかの指摘がなされてきた。たとえば「日本型福祉のあり方を、……『3つの世界』と『東アジアモデル』の間に位置するという特徴から説明」すべきであり、さらにすすんで「レジーム論とは時間軸において位相を異にした東アジアモデルの先頭走者としての位置から説明するほかない」（宮本／イト／埋橋 2003：295；297）といった指摘にみられるように、日本は「『後発福祉国家の筆頭』としてのポジションを占める」（埋橋 2011：162）という認識から、日本と韓国など他の東アジア諸国との比較分析が求められるようになっている。「日本は、先進工業国の福祉モデルと後発の東アジアモデルの中間点に位置」（宮本 2003：28-29）とか、「日本が東アジアにおける福祉国家の第一世代（世界史のなかでみれば第二世代）で、韓国と台湾が東アジアにおける福祉国家の第二世代（世界史のなかでみれば第三世代）だということができる」（武川 2010：491）とかというのも、同様の文脈からの指摘である。このような指摘にしたがえば、日韓両国が「後発国」とはいえ、日本は、「後発国」としての韓国と区別され、いうなれば「先発国のなかの後発国・後発国のなかの先発国」としての位置づけになるといえるのである。

以上のようにみてくると、時間軸の比較視点を取り入れて福祉国家の国際比較を行うにあたり、「後発国」としての日韓共通の特徴だけでなく、両国の相違から「後発国」の多様性を探ることが重要な課題として浮かび上がってくる。このような課題に取り組むことによって、時間軸の比較視点をもたない福祉レジーム論の限界とそれを乗り越えるための新しい方法論的視点がより鮮明なかたちであらわれてくると思われる。

3 後発国の多様性を探る

「後発国」としての日韓の福祉国家を比較分析する

　以上のような問題関心あるいは研究課題は、現状としてはいくつかの議論のなかで散発的に提起されていることが多く、それに向けて確立した分析アプローチにもとづいて本格的に行われた研究はあまり見当たらない。福祉国家の国際比較のさいに時間軸の比較視点を入れる必要があるとしても、それは「言うは易し、行うは難し」ということかもしれない。今日において「発展段階の異なる福祉レジーム間の比較はどうあるべきかという問題も未解決のまま留まっている」（埋橋 2011：8）のが現状なのである。

　以上のような経緯から、冒頭で示した本書全体の問い、すなわち「国際比較でみた場合、日本と韓国の福祉国家はいかに特徴づけられるのか」という問いが設定されたわけである。これまでみてきた日本と韓国の福祉国家をめぐる研究状況からすれば、この「古くて新しい」問いに取り組むことは、従来の福祉国家研究とくに福祉レジーム論の限界を乗り越える大きな挑戦になるといえる。したがって本書では、福祉レジーム論の枠組みのなかでほとんど注目されることのなかった時間軸の比較視点から日韓の福祉国家の類似と相違を分析し、そこで明らかになった「後発国」の多様性とその要因から、時間軸での比較視点の重要性を確認するとともに、その視点による日韓比較を超えた多国間比較分析を展開するための新しいアプローチを提示することをめざしたい。

本書の構成

　以上のような問題関心と目的からなる本書全体の構成を簡単に紹介しておこう。

　第1章では、本書全体の基礎作業として、従来の福祉国家研究とくに日本における福祉国家研究を検討する。その主な流れを、〈経済学系〉福祉国家研究と〈社会学系〉福祉国家研究に分けて、前者を段階論的アプローチ＝「縦」の歴史比較、後者を類型論的アプローチ＝「横」の国際比較として特徴づけながら、それぞれの問題関心やアプローチの仕方またその背後にある

学問的伝統などを明らかにすることによって、日韓比較分析を展開するための理論的・方法論的基盤整備を行う。

それをふまえ第 2 章では、これまでの福祉国家研究において〈経済学系〉福祉国家研究と〈社会学系〉福祉国家研究、いいかえれば段階論的アプローチと類型論的アプローチが別々の流れのなかで展開されてきたことが、日本や韓国を含む東アジア諸国・地域の国際比較分析に大きな限界をもたらしていることを明らかにする。そして、その限界を乗り越えるために、両アプローチの結合による時間軸の比較視点が必要であることを主張し、その視点をベースにした日韓比較分析のための方法論的論点を明らかにする。なお、分析対象となる福祉国家については、雇用保障政策と社会保障政策という両軸からなる全体としての福祉国家を定義し、時間軸の比較視点からその両政策の展開と関係性を分析することの重要性を述べる。

第 3 章では、以上の理論的考察にもとづいて、時間軸の比較視点から日本の福祉国家を分析する。終戦直後から 1960 年代初頭にかけての福祉国家の成立過程が主な分析対象となる。そこで日本の福祉国家の主な特徴としてあらわれてくるのが、雇用保障政策については「全部就業政策」であり、社会保障政策については「混合型社会保険」である。成立後の展開過程を視野に入れながら、それらの特徴の具体的な中身を分析し、それが、後発資本主義国という歴史的要因によって生まれたものであることを明らかにする。

第 4 章では、第 3 章で分析した日本の福祉国家と比較しながら、1990 年代末から 2000 年代にかけての韓国の福祉国家の成立過程を分析する。その分析を通じて、日本の「全部就業政策」と「混合型社会保険」に対し、「全部雇用政策」と「単一型社会保険」が成立期における韓国の福祉国家の主な特徴として浮かび上がる。これは、同じ後発資本主義国でありながらも、日韓における福祉国家展開のタイムラグがもたらしたものであることを指摘する。そのタイムラグとは、一言でいうと、工業化時代に福祉国家の成立を経験した日本、脱工業化つまりサービス化時代に福祉国家の成立を経験した韓国ということである。

第 5 章では、第 3・4 章で十分に論じることができなかった失業保険と公的扶助に焦点をあて、日韓両国における失業・貧困対策の類似と相違を分析する。一般的に福祉国家の分析、なかでも社会保障の分析をみると、多くの

場合、財政規模の大きさなどに焦点をあて医療や年金についての分析が行われることが多い。しかし、社会保障の歴史的な展開過程をみると、とくにその初期段階において、失業保険と公的扶助の整備が社会保障制度全体の体系的整備とその体系のあり方にいかに重要な影響を果たしたかに気づく。このような問題関心から第5章では、失業保険と公的扶助からなる失業・貧困対策に焦点をおき、日韓の福祉国家成立期におけるその歴史的・構造的特徴を明らかにする。

以上をふまえ終章では、日韓比較分析の結果を簡単にまとめたあと、序章の議論に立ち戻り、Esping-Andersenの福祉レジーム論と本書の日韓比較分析との関係、具体的には、時間軸の比較視点から3つのレジームと日韓を共通の枠組みのなかで捉えるための手がかりを探りつつ、今後、日韓比較を超えて西欧諸国を含む本格的な国際比較研究のための理論的かつ方法論的論点を示す。

以上が本書の主な内容であるが、本書の最後には、日韓比較を中心とした本論の議論展開のため詳しく検討することができなかった韓国のいくつかの状況を付章として取り上げる。

付章1では、韓国における雇用保障政策を検討する。これまで韓国の福祉国家に関してはさまざまな研究が行われてきたが、そのほとんどは社会保障政策を取り上げるものであった。その一方で、社会保障とともに福祉国家の両軸をなす雇用保障に関する研究はほとんど見当たらない。付章1では、第4章の分析を補完するかたちで、韓国における雇用保障政策、とくに雇用創出・拡大政策の展開と具体的な中身を分析し、その「後発国」としての特徴を明らかにする。

付章2では、韓国の福祉国家が抱えている問題と課題を検討する。これまでの比較福祉国家研究で韓国を取り上げるさいに、福祉国家を構成する諸制度・政策そのものの分析が主流になっており、その一方で、それらの制度・政策のもつ問題やその原因を分析する議論が非常に少なかった。付章2では、主にOECD統計データをベースに国際比較からみた場合の韓国社会の厳しい現実を紹介しつつ、それを福祉国家の諸制度・政策との関連で検討し、「後発国」としての韓国の福祉国家の問題と課題を明らかにする。

注

(1) 終章で、本書の議論とのかかわりで福祉レジーム論の概要についての若干の解説と再検討を行っている。

(2) 比較福祉国家研究における福祉レジーム論の意義や意味については、宮本（1992）、埋橋（1995）、岡沢・宮本（1997）の序章、埋橋（1997）の序章、武川（2000）、宮本（2003）などを参照されたい。

(3) 1990年代末、アジア金融危機をきっかけとして韓国では社会保障のラディカルな改革がみられた（本書第4章参照）。その改革をめぐり「韓国はいかなる福祉国家なのか」という問いへの関心が高まり、それについての活発な議論が行われるようになった。社会保障の拡充にみられる国家責任の強化傾向に注目するキム・ヨンミョン（金淵明）の政策評価に対し、政策変化の新自由主義的傾向を主張するチョ・ヨンフン（曺永薫）やチョン・ムグォン（鄭武權）がそれを批判するかたちで論争が始まり、それに、今進行中の政策変化の本質を理解するためには政策の意図と結果とを区別して考察すべきだとするナム・チャンソブ（南燦燮）やキム・ヨンボム（金榮範）がからんで展開されたのが、いわゆる「韓国福祉国家性格論争」である。

その後につづいて各々の批判に対する再批判、またそれらの論争に対する評価など多くの議論が加わり、さらにそのなかで Esping-Andersen の福祉レジーム論に照らして韓国の福祉国家が彼の3つのレジーム——社会民主主義、保守主義、自由主義——のいずれに属するかといったかたちでの議論もみられた。その論争過程が論文集『韓国福祉国家性格論争』に収録されたほか、韓国の福祉国家の特徴を検討した論文や研究報告書が次々と発表された。

この論争は、当時の激しい政策変化を反映するものであり、これまでの韓国で、規範的議論あるいは西欧の経験やその理論の紹介にとどまっていた福祉国家に関する議論を、社会科学の舞台に引きずり出した点に大きな意義があるといえる。論争の具体的な内容、その意義および限界については金成垣（2008）の第1章を参照されたい。

(4) 福祉レジーム論を提供した場合の日本の福祉国家の特徴に関する議論は、第1章で再度取り上げている。

(5) 福祉レジーム論を適用して韓国を分析する研究の問題点は、金成垣編（2010）の第10章と第11章に詳しい。なお、金成垣（2008）の第1章でも取り上げている。

(6) 「座りの悪さ」の問題は、日本や韓国に関する従来の福祉国家研究の多くが、福祉レジーム論における脱商品化のスコア値に過度に依存していることに起因する。「脱商品化スコアの値はいかなる国の制度においても算出することができる」（武川 2007：122）という利点もあって、そのスコア化による類型論的な側面が前面に出されていたのである（田多 2010：465）。このようなアプローチの仕方からは、しばしば日本と韓国は保守主義レジームと自

由主義レジームの「混合型」として特徴づけられるが、問題は、「そこにはっきり分立した自由主義勢力と保守主義勢力が政治的に競合した形跡がみられない」ということである（宮本 2003：18）。武川も指摘しているように、日本の社会保障制度に保守主義的な特徴がみられるといっても、それは制度の類似だけであって、「諸制度の背後にある政治構造や労使関係は……日独両国のあいだではまったく異なっている」のである（武川 2007：112）。脱商品化のスコア値による日韓の特徴は見出せても、その特徴と、福祉レジーム論の理論的枠組みの核心をなす政治勢力と諸階級間の連合構造と関連性は弱いのである。

　一方、Esping-Andersen のいう3つの政治勢力とその階級連合に代わって、強力な国家官僚制が福祉国家の形成に重要な役割を担っていたという点を強調する議論もみられる。「開発主義福祉国家」（Kwon 1999；Kwon ed. 2005；鄭武權 2006）、「国家コーポラティズム」（上村 1999）、「『運転席』を占めた国家」（大沢編 2004：12-19）等々である。すなわち3つの勢力にとって代わる国家官僚制が、経済開発と調和させる観点から福祉国家の整備をすすめ、その結果、脱商品化権利をできるだけ制限した。いうならば「最低限の福祉国家」を追求しながら、そのかわり市場や家族の役割を強化させる方向へと展開されてきたということである。しかしながら、これらの議論も日本や韓国の国際比較的な特徴を適切に説明しているとはいえない。なぜなら、それらの特徴からわかるように、けっきょくのところ、西欧の福祉国家の「発達」の理論をもって、日本や韓国の福祉国家の「未発達」とその原因を説明する議論へと化してしまっているからである。この点については、金成垣（2008）の第2章に詳しく論じている。

(7)　韓国の福祉国家に関して「代替関係」に着目したもっとも代表的な議論としては、ホン・ギョンジュン（洪坰駿）の「儒教主義福祉国家論」をあげることができる（ホン・ギョンジュン 1999；2002；2004）。彼は、福祉供給の主体を、国家（state sector）、市場（market sector）、共同体（community sector）に分けて、「福祉を主に国家が提供するのが西欧先進福祉国家であり、市場への依存度が高い場合、それは福祉後進国と分類される。……ところが国家福祉が遅れており、同時に市場への依存性も通常的な福祉後進国より高くない国も存在する。主に東アジア諸国がここに当たるが、……それは儒教的福祉国家（Confucian Welfare State）あるいは東アジア福祉国家（East Asian Welfare State）」と呼ぶことができるという（ホン・ギョンジュン 2002：183-184）。こういった前提から議論を展開しているホン・ギョンジュンは、とくに血縁、地縁、学縁など非公式的集団の福祉機能の強さという儒教的福祉国家の特徴を見出し、韓国をそのなかに位置づけている。つまり、先進諸国の福祉国家とは異なる韓国の福祉国家の特徴として、地域や家族などの「代替関係」が強調されているのである。

　東アジア諸国・地域を対象とする比較福祉国家研究のなかで、そのような「代替関係」を強調する議論は数多くみられる。初期の議論としては、上述のホン・ギョンジュンの議論のもとになっている C. Jones（1993）の「儒教主義福祉国家論」があるが、それ以降、R. Goodman & I. Peng の「日本に視線を向けた東アジア社会福祉レジーム（Japan-focused East Asian regime）」（Goodman & Peng 1996 = 2003）、I. Holliday（2000）や I. Holliday & P. Wilding（2003）の「生産主義福祉資本主義」、また F. Deyo（1992）や K. L. Tang（2000）、H. J. Kwon（2005）、鄭武權（2006）などの「開発主義福祉国家」などといった議論が新し

く登場している。これらの議論にみられる「代替関係」の具体的な中身や特徴に関しては、金成垣（2008）の第2章を参照されたい。

(8) この点に関しては、「韓国福祉国家論争」におけるキム・ヨンボム（2002b）の主張が注目に値する。彼は、韓国の福祉国家を比較分析するさい、その根拠が構造的特性に起因する問題であるのか、それとも未成熟に起因する問題であるのかを区分する必要があるとしながら諸議論の問題点を指摘する。すなわち、韓国は、社会支出の高低、制度整備の水準、制度の適用範囲の包括性などの面において欧米の福祉国家に比べて「未成熟」（immature）の状況にあり、この議論にしたがえば、「代替関係」による「座りの悪さ」として分析される韓国の特徴は、福祉国家の構造的特徴というより、その未成熟の状況に起因する問題となる。したがって長期的にみた場合、その特徴の方向性は不確定であって、現在の段階で韓国を欧米の福祉国家と同一線上で比較するのは困難であるというのである。この問題提起にみられる比較福祉国家研究の方法論的意味については金成垣（2008）の第2章を参照されたい。

(9) この武川の主張に対しては、反対の意見もみられる。福祉レジーム論が東アジアの分析に有用であるという意見である。詳しくは新川（2009）を参照されたい。

(10) 福祉レジーム論を適用した場合にみられる多様な境界事例に関しては、福祉レジーム論の登場直後から多くの議論が展開された。代表的なものとしては、D. Mitchell（1991）、F. G. Castles & D. Mitchell（1993）、F. G. Castles（1995；1996）、M. Ferrera（1996：1998）がある。それに対する Esping-Andersen のリプライは、Esping-Andersen（1999＝2000）の第5章を参照されたい。境界事例に関する日本語文献での紹介としては新川ほか（2004：186-192）がある。なお、福祉レジーム論に対する批判的検討やその代案の検討については大沢（2013）の第3章に詳しい。

1章
福祉国家研究の2つの潮流

1 「縦」の歴史比較と「横」の国際比較

　これまでの福祉国家研究をみると、大きく分けて2つのアプローチが存在する。1つは、「縦」の歴史比較を重視するものであり、もう1つは、「横」の国際比較を重視するものである。前者は、「福祉国家か否か」あるいは「福祉国家はいつ何をもって成立し、またいかに変容しているのか」といった、福祉国家の歴史的あるいは段階論的特徴を探る、いうならば段階論的アプローチと呼ぶことができる。そして後者は、「いかなる福祉国家か」あるいは「福祉国家の多様なタイプはいかに生まれ、またいかなる特徴をもつのか」といった、福祉国家の構造的あるいは類型論的特徴を探る、いうなれば類型論的アプローチと呼ぶことができる。

　後に詳しくみるように、この段階論的アプローチと類型論的アプローチは、これまでの日本の福祉国家研究において長いあいだ、互いにほとんどかかわりなく別々の流れのなかで展開されてきた。それは、両者のあいだに問題関心と分析の焦点や視点またその背後にある学問的伝統の違いがあったからである。本章においては、段階論的アプローチと類型論的アプローチのそれぞ

れの中身を詳細に検討する。本章は、次章において両アプローチによる従来の福祉国家研究の方法論的限界を明らかにし日韓比較分析を行うための新しい視点を見出すための基礎作業となるものである。

2 〈経済学系〉福祉国家研究と〈社会学系〉福祉国家研究

(1) 日本における福祉国家研究

　日本において社会政策あるいは社会保障また社会福祉研究の歴史は長い。しかし福祉国家という用語が用いられ、それについての研究が活発化したのは1980年代に入ってからであるといえる。

　その分水嶺となったのは、東京大学社会科学研究所の『福祉国家』シリーズ（全6巻）であるとされることが多い。それが刊行されたのが1984・5年であるから、日本における福祉国家研究はその時期から本格的に始まったと考えて差し支えない。このシリーズの刊行について、岡本が、「（それまでの日本において）福祉国家については、社会保障や社会福祉の専門家によって個別の研究が行われてきたものの、マルクス経済学を始めとした社会科学の研究者によって本格的に取り込まれることは少なかった」（岡本2007：16）と述べているように、1980年代前半、日本で長い歴史また根強い伝統をもつマルクス経済学がこの分野に取り組むことによって福祉国家研究が本格的にスタートしたのである。

　ところで、上の岡本の言葉からは、これまで日本でいかなる流れのなかで福祉国家研究が展開されてきたかについてのヒントが含まれている。以下で詳しくみるが、つまり日本における福祉国家研究には、マルクス経済学の主な問題関心であった資本主義研究から始まったものと、社会保障あるいは社会福祉研究から始まったものがあるとみることができる。ここで議論展開の便宜上、前者を〈経済学系〉福祉国家研究、後者を〈社会学系〉福祉国家研究と呼んでおきたい。冒頭で指摘した2つのアプローチに照らしていえば、前者の〈経済学系〉福祉国家研究においては、「縦」の歴史比較を重視した

段階的アプローチが中心となっており、後者の〈社会学系〉福祉国家研究においては、「横」の国際比較を重視した類型論的アプローチが中心となっている。以下、それぞれについて詳しくみてみよう。

(2) 段階論的アプローチ

資本主義研究から福祉国家研究へ

　日本のマルクス経済学が福祉国家研究に本格的に取り組んだのは1980年代に入ってからである。しかし福祉国家に関心をもち始めたのはそれより早い。福祉国家という用語は用いてなかったものの、1970年代前後から資本主義における福祉国家的側面に着目する研究が、国家独占資本主義論または現代資本主義論のなかで行われてきた（大内 1970；1983；加藤 2006；2007；岡本 2007；2014 ほか）。〈経済学系〉福祉国家研究は、この資本主義研究の流れのなかで生まれたものである。

　何より現代資本主義論の主な問題関心は、20世紀前半の世界大戦や大恐慌のなかで体制的危機に陥った資本主義が、以前とは異なる特質をもつ、いわば現代（20世紀）資本主義として成立する歴史過程であった。当初は、体制危機の回避のために国家が資本主義を組織化していく現象をもって、「国家独占資本主義」という視点から現代資本主義の特質を分析する傾向が強かった（大内 1970）。しかし次第に、現代資本主義の本質を、国家権力と独占資本の癒着に求める正統派マルクス主義学説とは異なり、いわば「二律背反」[2]論から、資本主義の内部に労働基本権に代表される社会主義的要素を取り込んだ体制、あるいは「反革命」を本質とする体制と説明したり（加藤 2006：3-18；112-121）、またその成立過程を「脱資本主義過程」と説明する議論が有効性をもつようになった（関根 1974）。そしてそれが1980年代になると、現代資本主義それ自体を、福祉国家あるいは福祉国家資本主義として把握する考え方が勢いをえて、福祉国家論という名の下にさまざまな研究が行われる。岡本に言わせれば「国家独占資本主義論から福祉国家論へ」（岡本 2007：11-15）という過程であるが、本書でいう〈経済学系〉福祉国家研究の本格的なスタートともいえる。上記の『福祉国家』シリーズは、この〈経済学系〉福祉国家研究の代表的な成果であった。

その『福祉国家』シリーズの中身を簡単にみてみると、全6巻のうち、前半の3巻は福祉国家の成立と展開について、イギリス、スウェーデン、ドイツ、フランス、アメリカなど各国の歴史と現状またその比較分析にあてており、後半の3巻は日本分析にあてている。学際的な総合研究をめざすことで、各国の歴史・現状とその比較については1つの章ではなく、経済学、法学、政治学、社会学などさまざまな学問分野からの分析がいくつかの章にわたって行われている。日本についてもそれは同様である。このシリーズは、主に福祉国家の成立について扱っているが、その数年後に刊行された『転換期の福祉国家』（上・下）（1988）においては、福祉国家の危機以降におけるその再編過程について、欧米の主要国（上）と日本（下）の状況を分析している。

　ただし、注意しなければならないのは、『福祉国家』シリーズの執筆には経済学とくにマルクス経済学者のみならず、近代経済学者や社会学者また社会保障や福祉の専門家など多様な分野の研究者が参加しており、そのため、そこに含まれているすべての研究が〈経済学系〉福祉国家研究とはいえないということである。〈経済学系〉福祉国家研究のエッセンスは、加藤（2006；2007）や林（1992）、田多（1994；2002；2004）のなかで見出すことができる。

「段階論」にもとづく福祉国家研究

　〈経済学系〉福祉国家研究の特徴はさまざまな側面から見出すことができるが、ここでは、後に取り上げる〈社会学系〉福祉国家研究とのかかわりで、その重要な特徴に着目したい。それは、福祉国家とその核心要素である社会保障制度との関係の捉え方についてである。

　たとえば、19世紀半ばのイギリスにおける国家干渉を福祉国家の起源とする「系譜論」的把握（岡田 1976）を批判的に検討している加藤の議論（加藤 2006：79-98）や、社会保障制度と福祉国家とをほぼ同等に扱うような、あるいはその支出の量的側面をもって福祉国家を捉えるような欧米の福祉国家研究を批判している林や田多の議論にみられるように（林 1992：1-6；田多 1994：1-25）、〈経済学系〉福祉国家研究において問題となるのは、社会保障制度の有無でも、また制度整備の水準やその支出の高低でもない。むし

ろそのような社会保障制度の量的な側面に着目した福祉国家分析は強く避けられる。公的扶助と社会保険からなる社会保障制度を福祉国家の核心要素とするのはたしかであるが、〈経済学系〉福祉国家研究で重要なのは、福祉国家が成立する過程で、それが以前の類似の制度と異なる性格や意義をもつようになったという「段階論」的認識である。

　この認識には「福祉国家か否か」あるいは「いつ何をもって福祉国家と呼べるのか」といったような福祉国家についての歴史的問いが含まれている。後にみるように、加藤の場合は、労働者階級の政治的・社会的・経済的同権化の過程の分析から、林の場合は、国家財政の不連続的な変化の分析から、そして田多の場合は、すべての国民に生存権が承認される過程の分析から、社会保障制度の新しい性格や意義を明らかにし福祉国家の成立を捉えている。この「段階論」的認識にもとづけば、社会保障制度とは福祉国家の成立過程で生まれたものであって、その逆ではない。この点が、彼らが、福祉国家体制における社会保障制度とそれ以前の自由放任・夜警国家体制における類似の制度とを明確に区分している理由であり、また両体制における国家役割を連続的に捉える「系譜論」的把握を拒否している理由でもある。このような考え方による彼らの福祉国家研究を少し詳しくみてみよう。

　宇野・段階論を修正した「福祉国家化史観」を展開している加藤は、福祉国家を全体としての資本主義の1つの発展段階と捉えながら、福祉国家の歴史過程を分析している。彼は、20世紀以降の資本主義における〈福祉国家化〉を、それ以前の〈純粋資本主義化〉と対立する概念として用いており、労働者階級の政治的・社会的・経済的同権化を中核においてその2つの傾向の歴史的転換を明らかにしている（加藤 2006：137-197）。彼によれば、福祉国家は、「その生成の端緒は前世紀末葉のいわゆる大不況期にまで遡るが、福祉国家が飛躍的な発展の基礎を形成したのは、第1次世界大戦から第2次世界大戦直後にいたる激動の30年間においてであり、戦後の高度経済成長にそれは全面開花し、そして結実した」とされる（加藤 2007：128）。この加藤による福祉国家の時期区分が、岡田が提起した「系譜論」的把握による福祉国家起源説と異なるものであることはいうまでもない。

　他方、林においても、福祉国家について「段階論」的把握をとっている点、そして福祉国家を第1次世界大戦以降に社会主義国家に対抗して出現した

資本主義国家の総体と捉えている点で、加藤の福祉国家についての理解とほぼ同様である。ただし、林の場合は、国家論としての福祉国家研究を強調しており、この理由からでもあるが、国家財政のなかでも社会（福祉）費と軍事費の動向と性格に着目して、福祉国家の歴史と現状を分析している。彼によると、第1次世界大戦を境にしてドイツとイギリスにおいて財政の総支出と社会費比率に不連続な変化がみられており、これをもってそれらの国々ではその時期に福祉国家が成立したという。同様の根拠から、アメリカではニューディール期に、そして日本では第2次世界大戦後に福祉国家が成立したとされる（林 1992：111-114；126-132）。

なお、田多は主に日本の福祉国家を分析しており、正面から国際比較を行ってはいないが、彼の議論のなかで類似の見解を見つけることは難しくない。彼は、20世紀の現代資本主義のことを「福祉国家資本主義」と捉えつつ、それが、第1次世界大戦あるいは第2次世界大戦後の資本主義各国でみられた構造的な大量失業による体制危機に対応するかたちで成立したとする。田多は福祉国家成立の核心原理を、公的扶助と社会保険制度との「統合」あるいは「有機的関連」による国民の生存権の保障に求めている。彼によれば、第1次世界大戦後のドイツとイギリス、大恐慌後のアメリカ、第2次世界大戦後の日本における資本主義が、生存権保障の原理を取り入れつつ福祉国家を成立させたということになる（田多 1994：1-25；2002：1-5；2004）。

以上のように、加藤の労働者階級の同権化に着目する研究であれ、林の国家財政の不連続を重視する研究であれ、また田多の生存権の保障を基準とする研究であれ、この〈経済学系〉福祉国家研究の基本的なスタンスは、福祉国家の核心要素である社会保障制度が、既存の類似の制度の単なる寄せ集めではなく、20世紀のいわば現代資本主義への転換のなかでそれとは質的に異なる性格と意味をもつようになったことを、それぞれの基準によって明らかにし、福祉国家の成立を捉えていることである。そして、この「段階論」的認識にもとづいて福祉国家の歴史的・動態的過程を分析しつつ、またそれについての国際比較を行っているのである。

いずれにせよ、このような〈経済学系〉福祉国家研究のなかに、「福祉国家か否か」あるいは「いつから福祉国家か」という福祉国家についての段階

論的問いが含まれていることはいうまでもない。この問いに対してそれぞれの基準にそって接近しつつ、「福祉国家はいつ何をもって成立し、またいかに変容しているのか」という問題関心から福祉国家の動態的過程を歴史的に分析するのが、この〈経済学系〉福祉国家研究における段階論的アプローチの基本的スタンスといえる。

(3) 類型論的アプローチ

社会保障・福祉研究から福祉国家研究へ

　福祉国家研究において、以上の〈経済学系〉福祉国家研究と対比されるのが、H. L. Wilensky（1975）や R. Titmuss（1974）から G. Esping-Andersen（1990）に至る西欧の比較福祉国家研究の流れを汲んだ、いわゆる〈社会学系〉福祉国家研究である。

　この〈社会学系〉福祉国家研究では、上記の〈経済学系〉福祉国家研究に比べれば、福祉国家を分析するにあたって社会保障・福祉制度そのものの比重が大きいか、あるいはそれに対する関心が前面に出される。

　ただし、日本国内の研究状況からすると、それらの制度・政策についての研究がただちに福祉国家研究として展開されたわけではない。上記の『福祉国家』シリーズの序論において、戸原が、それまでの日本の社会保障・福祉研究について、「多くの場合、社会保障の多面的分野のうち特定の分野の枠内にとどまり、全体的な視角からのアプローチにはならず、またそのためもあって、その研究は社会科学の主流にならない形で進められてきた」と述べているように（東京大学社会科学研究所編 1984：27）、実際、この分野における福祉国家研究が本格化したのは 1990 年代に入ってからである。それまでも欧米各国の社会保障・福祉制度についての研究が多数行われてきたが、[12] それに加えて、1990 年代に入ってからは、単なる制度記述や制度比較を超えた社会科学的な意味での国際比較研究が活性化した。そこには、福祉国家研究が Wilensky や Titmuss などの初期の研究にみられたような総支出アプローチから Esping-Andersen の福祉レジーム論へとシフトしたことが大きな影響を及ぼした。その経緯を簡単にみてみよう。

　周知の通り、Wilensky（1975）の場合、社会支出の量的側面や制度整備

33

の水準などを基準にして福祉国家の国際比較を行い、「福祉先進国」と「福祉後進国」という類型を見出している。また Titmuss（1964）の場合も、同様の意味で「制度的再分配モデル」と「残余的モデル」という類型から福祉国家のあり方を説明している。このような基準にしたがった場合、日本は、ヨーロッパの「福祉先進国」に比べて、社会支出や制度整備の水準の低さから「福祉後進国」と位置づけられるのが現状であった。このような位置づけからすれば、日本がヨーロッパを中心とする福祉国家研究に積極的に入り込むことができたとはいえない。埋橋が的確に指摘しているように、それまでの日本における福祉国家あるいは社会保障研究は、「特定の国（多くの場合、欧米諸国）を取り上げ、歴史的経緯をたどり、そのあいだの紆余曲折、経緯を論じる」ことが多く、「そうした外国研究は、わが国がこの分野では『遅れている』ことを暗黙的に前提としている場合が多」かったのである（埋橋 1997：7-8）[13]。

　しかしながら、Esping-Andersen（1990）の福祉レジーム論が登場して以来、彼が提示した社会民主主義・保守主義・自由主義レジームという３つの類型に照らして、より積極的なかたちで日本と諸外国との比較分析が可能となった。福祉レジーム論においては、社会支出や制度整備の水準などの国家間の「量的差異」のみならず、福祉の生産や分配の方式、また支出や制度の「質的差異」が強調される。彼は、脱商品化という指標にもとづいて、福祉の生産と分配における国家、市場、家族の３者間の比重のあり方を分析し３つのレジームの質的差異を明らかにしており、このような福祉国家の捉え方によって、日本に対しても、ヨーロッパの福祉国家に比べて「量的に低位である」という単線的な認識ではなく、「質的に異なる」特徴をもつものと認識することができるようになったのである。実際、この福祉レジーム論が福祉国家研究の新しいパラダイムになってから、日本国内においても、従来の社会保障・福祉研究の成果をふまえて、『現代福祉国家の国際比較』（埋橋 1997）や『比較福祉国家論』（岡沢・宮本編 1997）をはじめ、『福祉国家への視座』（大山ほか編 2000）、『福祉国家の社会学』（三重野 2001）、『日本型福祉レジームの展開と変容』（新川 2005）等々、福祉国家をタイトルにするさまざまな研究が活発に行われ、またそうするなかで、『講座・福祉国家のゆくえ』シリーズ全５巻（2002 ～ 2004 年）のような大規模の共同研

究の成果もあらわれた。いうならば「社会保障・福祉論から福祉国家論へ」という過程であった。以上のような過程を通じて、上述の〈経済学系〉福祉国家研究とは異なる流れとして、〈社会学系〉福祉国家研究が展開されることになったといえる。

　ところで、これら〈社会学系〉福祉国家研究の多くは、直接的であれ間接的であれ Esping-Andersen の福祉レジーム論を準拠点としている点で共通性をもちながらも、分析対象や視点が非常に多岐に渡っており、それに対する一律的な特徴づけを行うことはできない。ただし、そこにみられるアプローチの仕方が〈経済学系〉福祉国家研究と区別されることはたしかである。

「類型論」にもとづく福祉国家研究

　以上の〈経済学系〉福祉国家研究に対比していえば、〈社会学系〉福祉国家研究においては、何より、「福祉国家か否か」あるいは「いつ何をもって福祉国家と呼べるのか」といったような、福祉国家についての「段階論」的認識による問いが出てこないのが特徴である。福祉国家と社会保障制度との関係という点からみると、〈社会学系〉福祉国家研究においては、それらの諸制度からなる福祉国家が所与の存在として想定され、その多様な制度領域の分析から福祉国家のあり方を「類型論」的に捉えることが主な特徴であるといえる。両アプローチにみられるこの違いは、たとえば、埋橋が福祉国家の国際比較分析を行うにあたって、「どのように各国は比較・分類され、グループ化されるのかという問題は、資本主義対社会主義という比較軸が意味をなさなくなった現在、新たな知的関心をひきつけつつある」と述べていること（埋橋 1997：7）や、また武川が、「ある国が福祉国家であるか否かというよりは、いかなる福祉国家であるかということの方が問いとして重要である」と述べていることから伺われる（武川 2000：29）。この流れを汲む福祉国家研究は、以下でみるように、〈経済学系〉福祉国家研究とは異なって、議論の出発点で多様なタイプの福祉国家の存在を前提として、それについての「類型論」的認識から横断的な国際比較を行う傾向が強い。

　もっとも早い時期に、以上のような問題関心から福祉国家の比較分析に取り組んだ研究成果としては、1997 年の埋橋の『福祉国家の国際比較』が挙げられる。彼は、公的扶助や社会保険制度、また児童や家族政策などを含む

さまざまな政策領域の分析による日本の国際的な位置づけを探っている。その結論の1つとして、Esping-Andersen の諸基準にもとづいて、日本は保守主義レジームと自由主義レジームとの「混合型」の特徴をもっているという。ただし、埋橋は、完全雇用の実現という点においては、日本が社会民主主義レジームの特徴も併せもっていることを指摘しながら、日本の位置を的確に捉えるためには別の枠組みが必要であることも強調している。

　これ以降、Esping-Andersen の指標に直接的に依拠しながら欧米との対比で日本の福祉国家を特徴づける議論が多くみられるようになった。しかし、埋橋の研究にもみられるように、その過程で、福祉レジーム論の機械的な適用による日本の「座りの悪さ」が問題となり、そのため、日本の位置づけのための新しい理論枠の必要性が台頭した。これについては、武川（2005）や新川（2005）、大沢（2007）の研究を代表的なものとして取り上げることができる。

　福祉レジーム論のもつ歴史・構造分析の重要性を認識しながらもその機械的な適用を問題視した武川は、福祉政治・給付国家・規制国家という3つの軸からなる新しい枠組みを設定し日本の特徴づけを試みている。その3つの軸に対応して、福祉国家の推進主体とかかわる政治制度の分析、そして社会政策や経済政策の領域における給付・規制政策の分析を行い、その結果、日本の特徴として、「社会民主主義の弱さと国家官僚制の強さ」「社会支出の薄さと公共事業の厚さ」「社会規制の弱さと経済規制の強さ」を挙げている（武川 2005）。

　また新川は、従来の福祉国家研究を幅広く検討し、福祉レジーム論における脱商品化と社会的階層化指標を組み合わせることによって、Esping-Andersen の3つのレジームに加えて「家族主義レジーム」という第4のレジームを提案している。彼は、日本の社会支出、社会保障制度、福利厚生、家族福祉の現状をふまえて、日本（と南欧、スイス、アイルランド）を、脱商品化の程度が低く、社会的階層化が高い、さらに労働市場の女性への依存度が低いなどという点から、第4のレジームつまり家族主義レジームに位置づけている（新川 2005：271-279）。

　なお、大沢の場合は、Esping-Andersen の議論のもつ理論的・経験的限界を指摘した上で、福祉レジーム論とサードセクターの関係に関する検討、そ

してジェンダー視点の導入により、新しい類型として、「男性稼ぎ主」型（大陸西欧諸国と日本）、「両立支援」型（北欧諸国）、「市場志向」型（アングロサクソン諸国）を見出している。彼女のいうように、このジェンダー視点による類型化作業は、福祉レジーム論とは違って、日本を「複数類型の折衷としてではなく、典型に据える」ためのものである（大沢 2007：54）。このような試みは、上述の武川や新川の研究にもみられるが、そればかりでなく、今日の日本における福祉国家研究の全般に共有されている問題意識であるといえる。

いずれにせよ、以上の〈社会学系〉福祉国家研究においては、「福祉国家か否か」という「段階論」的認識は後景に退き、始めに「多様なタイプの福祉国家ありき」を前提として社会保障・福祉とかかわるさまざまな制度領域の分析からその多様なタイプのあり方を探求することが、基本的なスタンスになっている。そして、この「類型論」的認識にもとづいて欧米や日本における福祉国家の構造的特徴を分析しつつ、その位置づけを明らかにすることを目的とした国際比較が行われているのである。

もちろん、〈経済学系〉福祉国家研究における段階論的アプローチと〈社会学系〉福祉国家研究における類型論的アプローチとのあいだに理論上の接点がまったくないとはいえない[16]。しかし、〈社会学系〉福祉国家研究が、段階論的把握にもとづいて福祉国家を動態的に捉える〈経済学系〉福祉国家研究とは異なって、社会保障・福祉制度からなる福祉国家を所与のものとしながら、その類型論的把握に分析の焦点をおいているのは明確な違いである。またそのためであろうが、社会保障・福祉制度が対処すべき問題群についても、資本主義と密接な労働問題や労使関係だけでなく、生活問題やジェンダー問題までを含む多方面の社会諸問題が分析の対象とされるのも〈社会学系〉福祉国家研究の特徴であると指摘できよう[17]。

3　東アジア福祉国家研究の展開のなかで

以上、日本における福祉国家研究の潮流を〈経済学系〉福祉国家研究と

〈社会学系〉福祉国家研究に分けてみてきた。それぞれの特徴を一言でいうと、前者の〈経済学系〉福祉国家研究は、段階論的アプローチにもとづいて福祉国家についての「縦」の歴史比較を行い、後者の〈社会学系〉福祉国家研究は、類型論的アプローチにもとづいて「横」の国際比較を行うことが基本的なスタンスである。

　冒頭で述べたように、〈経済学系〉福祉国家研究と〈社会学系〉福祉国家研究という2つの潮流は、アプローチの仕方や分析の焦点またその背後にある学問的伝統などの違いのため、長いあいだの福祉国家研究のなかでまったくといってよいほど互いにかかわりなく展開されてきた。しかし近年、この分野で東アジアを対象とする福祉国家研究が盛んになり、その展開過程で2つの潮流のあいだに接点あるいは交差がみられ始めている。正確にいうと、その接点を探るべき時を迎えているといえる。次章では、本章での議論をベースにして両アプローチの合流の状況を検討し、日韓比較分析のための方法論的視点を明らかにしたい。

注

(1) 日本における福祉国家研究の全体を〈経済学系〉福祉国家研究と〈社会学系〉福祉国家研究という2つの潮流に括ることに関しては疑問が生じうる。というのは、その2つの潮流以外に、たとえば地域研究として諸外国における社会保障・福祉制度の分析、またマルクス主義的観点からの福祉国家批判や保守党に影響を及ぼした福祉国家論などの福祉国家についての理論的あるいは規範的また政策論的議論等々、実際には多種多様な研究潮流が存在する。ただし本書では、それらの多種多様な研究潮流のうち、主に福祉国家の歴史と現状についての国際比較分析を中心に考え、そこにみられる上記の2つの潮流を着目することにしたい。

(2) 加藤は、資本主義がその存続のためには、資本主義を否定する要素をその内部に取り込むという自己矛盾的な要請、いいかえれば「二律背反」的課題に直面することになるという（加藤 2006：16）。すなわち、賃金の下方硬直化＝利潤抑圧をもたらす労働基本権の承認が迫られる一方、資本主義体制として存続する以上は資本蓄積を維持しなければならないという課題である。彼は、この「二律背反」的課題に対応するかたちですすんだのが福祉国家であると考えており、これにより大内の国家独占資本主義論を批判しその修正を試みた。彼によれば、労働基本権の承認と完全雇用の約束を機軸とする福祉国家的政策は、「賃金変動に下方硬直性をもたらし、利潤に対して抑圧的な作用を及ぼす」ものであり、それは、「ブルジョア民主主義のたんなる拡張ではなく、実質的負担を伴う階級的な譲歩である」といった（加藤 1974 = 2006：10-11）。この点が、大内の国家独占主義論を修正・批判する主要論点の1つになっている。これについて詳細の議論は、加藤（1974 = 2006）や岡本（2007：11-17）を参照されたい。

(3) 「刊行にあたって」において戸原が言及しているように、この共同研究には、マルクス経済学者のみならず「社会保障や福祉の専門家はもちろん、社会学者や近代経済学者」も参加していた（東京大学社会科学研究所編 1984：ii）。

(4) たとえば岡本（2007：18-32）は、その特徴を、①福祉国家の段階論的把握、②広義の福祉国家論、③福祉国家システムというアプローチという3つの側面からまとめている。詳しくは岡本（2007）の第1章を参照されたい。

(5) 加藤は、「自由主義国家論ノート」（加藤 2006）で、岡田が提起した福祉国家起源説を批判的に検討している。岡田は、「19世紀行政改革論争」をふまえて、宇野・段階論の再検討の必要性を主張した。すなわち、「『自由主義段階』の結果としてではなく、この段階そのもののなかで、自由主義と――対立してではなく――並行して出現した、近代的な国家行政機構……や国家活動」を重視しなければならないという論点から、資本主義についての段階論的把握のもつ問題点を指摘したのである（岡田 1976）。これに対して、加藤は、A. Smithを手がかりにして、「19世紀中葉の労働運動や社会改革運動自身が、固有の意味での『福祉国家』を結実させる方向には向いていなかった」ことを指摘し岡田に対する批判的見解を展開した

（加藤 2006：96）。

(6) 林は、次の指摘にみられるように、社会福祉や社会保障制度の発展を歴史的にたどりながら、それを福祉国家の歴史と同一視している欧米の福祉国家研究に強い疑問を示している（林 1992：2-3）。すなわち、「福祉・社会保障のカバリッジは人によって広狭さまざまであるとはいえ、多くの文献・用例で、それと福祉国家がほとんど同様に用いられている。あるいは同様であることを当然の前提として議論が立てられている。……それならば実態どおり福祉制度論とか社会保障論とか名称すれば足りるのではあるまいか」という批判である。林のこの指摘については異論もありうるが（岡本 2007：第 1 章）、〈経済学系〉福祉国家研究の多くの文献で似たような指摘がみられる。

たとえば、同じく林の指摘であるが、国家論としての福祉国家研究を強調している彼は、「国家と呼ぶ以上、単に社会福祉や社会保障制度の発展や理念を論ずるだけでは福祉国家論とはいえず、統治形態や軍事まで含んだ行政構造全体が、以前とは不連続的に変わったことを示し、しかもその変化が社会福祉・社会保障制度を核として生じたことを示してこそ、福祉国家論が国家論として成り立つのではなかろうか」（林 1992：4-5）と述べている。

田多においても同様の文脈の議論がみられる。すなわち彼は、社会保障支出の量的な側面に注目して福祉国家を規定するような諸研究を取り上げた後、次のように述べている。「いうまでもなくこれらは量的な規定である。福祉国家となる一定水準とはどの水準なのか、またその一定水準を超えるとなぜ福祉国家といえるのかをこの規定では十分に説明しきれないであろう。社会保障費が GNP 比でたとえば 10% 以上となれば福祉国家で、それ以下なら福祉国家ではないといった議論が常識的に受け入れられることはあっても学問的に有効でないことはいうまでもない」（田多 1994：18）。同様の意味で田多は、「現代社会では、いわゆる発展途上国を含めてほとんどの国が多かれ少なかれ社会保障制度を不可欠としていると思われるが、それらをすべて福祉国家と呼ぶであろうか」（田多 1992：17-18）と述べている。

林や田多だけでなく、『福祉国家』シリーズの第 1 巻において戸原からも同様の意見が提示されている。彼は福祉国家の核心的要素として社会保障制度を分析するにあたり次のような問題を提起している。すなわち「それ（社会保障制度）を構成する個々の制度の多くは、戦後の産物ではなく、歴史的に古くから存在した。そうなると、社会保障制度は、それら既存の制度の単なる寄せ集めに過ぎないのか、それとも過去にそれらがもっていたのとは異なる新たな性格や意識をもつのかが、問題になる」（東京大学社会科学研究所編 1984：10）。

ここで戸原は、社会保障制度の有無だけでは福祉国家というものを論じることはできないということを強調しているのである。彼のこのような考え方は、『福祉国家』シリーズの企画意図にも含まれている。「（日本において）福祉国家の実態をなす社会保障については、一部の研究者にとって地道な研究がつづけられてきた。だが、その類の研究も、多くの場合、社会保障の多面的分野のうち特定の分野の枠内にとどまり、全体的な視角からのアプローチにはならず……福祉国家ないしは社会保障について社会科学的研究を進めることが、われわれの共同研究の意図したところである」（東京大学社会科学研究所編 1984：27-28）。要するに、単純化していえば、〈経済学系〉福祉国家研究においては、「社会保障制度＝福祉国家」というような考え方からの福祉国家分析が徹底的に排斥されているのである。

(7) たとえば林は、彼の福祉国家(財政)論を展開するにあたって「福祉を国の政策の中心とし、主なるプリンシプルとしている国家」と定義している(林 1992：3)。また、加藤の場合も、「福祉国家とは、労働者階級の政治的、社会的、経済的同権化を中核として形成され、全国民的な広義の社会保障制度を不可欠の構成要素とする、現代資本主義に特徴的な国家と経済と社会の関係を表現する用語である」としている(加藤 2007：128)。さらにいえば、『福祉国家』シリーズの第1巻の序章「福祉国家をどう捉えるか」において戸原は、「福祉国家とは、さしあたり社会保障制度を不可欠の一環として定着させた現代国家ないし現代社会の体制を指すものだといってよいであろう」と述べている(東京大学社会科学研究所編 1984：3)。

(8) このことは、加藤の福祉国家研究に対して「加藤説は、『福祉国家史観』であり『福祉政策史観』ではない」と評価されていることからも間接的に伺われる(三和 2000)。

(9) この点については、注(5)を参照されたい。

(10) 加藤の福祉国家研究においても財政分析は重要な位置づけにある。ただし、林がニューディール期の財政分析から福祉国家研究を出発しているとすれば、加藤の場合は、ワイマール体制の経済構造の分析から出発しており、そこでは財政以外の労働や労使関係の問題なども重要な研究対象であった。加藤においても林においても「国家論」としての福祉国家研究が強調されているが、加藤の場合は国家の政治的側面に、林の場合はその財政的側面に重点がおかれる傾向が強いといえる。

(11) この流れを汲む福祉国家研究は、最近は財政の方により重点をおきながら、各国における社会保障・福祉諸制度の財政についての現状分析と国際比較を行う傾向が強い。たとえば、渋谷・内山・立岩(2001)、金澤編(2002)、林ほか編(2004)、渋谷(2008；2012)、渋谷・根岸・塚谷(2014)、持田・今井編(2014)などがあげられる。

(12) たとえば、1980年代半ばまでの欧米諸国における社会保障制度の歴史と状況を扱った国立社会保障・人口問題研究所の共同研究『主要先進国の社会保障制度』シリーズ全6巻(1987〜1989年)がその代表的な研究成果として挙げられる。同研究所では、その後、1990年代以降の各国における制度改革の状況を扱った『先進諸国の社会保障』シリーズ全7巻(1999〜2000年)を刊行している。

(13) この埋橋の言葉には、〈経済学系〉福祉国家研究とくに東京大学社会科学研究所の『福祉国家』シリーズに対する批判も示唆されている。すなわち、埋橋は「わが国では、これまでの福祉国家や社会保障の分野で一種の国際比較研究が広範におこなわれており、その研究蓄積には誇るべきものがある。しかし厳密にいえば、これらの研究は『比較研究(comparative study)』ではなく、『外国研究(foreign study)』あるいは『地域研究(regional study)』と命名されるべきものである。これらは、特定の国(多くの場合、欧米諸国)をとりあげ、歴史的経緯をたどり、そのあいだの紆余曲折、経緯を論じる。……(それらの研究において

は）日本の位置を国際比較的に明らかにするという……問題意識は希薄であった、といえる」（埋橋 1997：7-8）という。つまり『福祉国家』シリーズにおける多くの研究が、「外国研究」あるいは「地域研究」としての傾向が強く、本格的な「国際比較研究」にはならなかったという批判である（埋橋 1997：7-9；168-170）。

(14) ただし、ここで取り上げている福祉国家研究すべてを、本書でいう〈社会学系〉福祉国家研究としてカテゴリ化することはできない。たとえば 1990 年代以降、それ以前にはほとんどみられなかった政治学からの福祉国家研究も登場した。それは、世界的にみると、「福祉国家の危機」以来、どの国において社会保障・福祉制度改革が重大な政治的争点となり、その「福祉国家の再編」過程の分析について「制度的持続」説や「新しい福祉圧力」説、「経路依存」説といった政治学的視点が有効性をもつようになったからであろう。また Esping-Andersen の歴史分析における基本的な視点は、権力資源動員や階級連合といった政治学的視点にもとづいていることも大きな影響を及ぼして、日本でも政治学からの福祉国家研究が活発化した。この政治学からのアプローチは、〈社会学系〉福祉国家研究と異なる側面も多い。ただし、林や加藤などの〈経済学系〉福祉国家研究と違って、むしろそこで批判されている欧米の福祉国家研究をベースにしながら、社会保障制度の歴史的展開についての（政治学的）分析から出発して福祉国家を論じており、この点では、〈社会学系〉福祉国家研究と類似性をもつ（cf. 新川ほか 2004；新川 2005）。かりに日本における福祉国家研究の流れを、経済学・社会学・政治学的アプローチと分けて考えるのであれば、それぞれ異なる学問的領域に入るが、本書でいう、〈経済学系〉福祉国家研究と〈社会学系〉福祉国家研究という分け方からした場合、政治学的アプローチは、後者の方に位置づけてよいであろう。

(15) これは、「今日、先進社会の国家は、政府の社会支出が国内総生産の相当な規模を占めるにいたっている、という意味では、20 世紀初頭までの国家と異なり、いずれも福祉国家である」と前提した上での言及である（武川 2000：29）。この言葉からすれば、武川が段階論的認識を完全に排除しているとはいえない。

(16) 両アプローチの理論的接点を探るためには次の諸点についての考慮が必要となる。第 1 に、宇野理論に依拠する段階論であれ、Esping-Andersen に依拠する類型論であれ、「商品化」と「脱商品化」という概念が福祉国家分析の出発点になっており、それについての探求によって両アプローチの接点を見出すことができると思われる。ただし、両議論におけるその概念の違いにも注目すべきである。たとえば、宇野理論は、資本主義の歴史を捉えるにあたって、非商品領域が商品領域に純化し（加藤のいう〈純粋資本主義化〉）、やがてそれが一転して、非商品的な要素を含む現代資本主義へと段階的に移行した（〈福祉国家化〉）という認識をとっている。しかし Esping-Andersen が依拠している K. Polanyi（1957）においては、自由主義の資本主義段階にも商品領域と非商品領域がつねに共存している状態が想定されるがゆえに、宇野理論における純粋資本主義化とは異なる歴史認識となっている。また社会主義体制の成立によって非商品的な要素を資本主義国家が取り入れるという認識も弱い。両議論において同一用語が使われても、それが前提とする資本主義の歴史認識には大きな距離があることを忘れてはならない。

第2に、大河内の社会政策論は、日本の福祉国家研究の全体において大きな影響を及ぼしており、そのため、両アプローチの理論的な接点を探るさいに重要な手がかりになりうる。ただし本書でいう2つのアプローチに沿って考えた場合、大河内理論の位置づけに曖昧なところがあることには注意を払うべきである。すなわち、〈経済学系〉福祉国家研究と大河内理論とでみると、マルクス経済学に依拠している点で理論的な共通性があるものの、現実の福祉国家研究の系譜のなかで両者の接点を見出すことが難しい。他方、本書でいう〈社会学系〉福祉国家研究をみると、そのなかには大河内理論を批判的に捉えるものもあれば（武川 1999）、それを前提としながら議論を展開しているものもある（大沢編 2004）。大河内理論のこのような曖昧さが、逆に両アプローチの接点を探るための重要な手がかりになると思われる。第3に、近年この分野で注目を集めている「資本主義の多様性（Varieties of Capitalism：VOC）」論である。VOC 論は、主に社会保障・福祉制度のあり方に着目する福祉レジーム論とは異なり、それらの制度と深くかかわる労使関係、企業支配構造、職業訓練及び教育、企業間関係など、いわゆる生産レジームに着目しながら、両レジームの制度的相補性を論じるものである（たとえば宮本（2008）を参照）。この意味において、VOC 論は本書でいう2つのアプローチの接点を見いだす手がかりになり、同時に、後に述べる東アジア研究のさらなる発展にも重要な役割を果たせると思われる。

(17)　この点も、〈経済学系〉福祉国家研究と区別される〈社会学系〉福祉国家研究の特徴であるといえる。もちろん例外もあるし、またこの違いは、福祉国家がおかれている時代的背景の違いを反映するものともいえるかもしれない。しかし、〈経済学系〉福祉国家研究について、岡本が「現代資本主義に特徴的な福祉国家的発展を十分に捉えようとするならば、……狭い意味の国家や政府に代わって福祉機能を果たしている組織や制度を含めた分析が望ましい」（岡本 2007：32）と述べていることを考えれば、その時代的背景を考慮した上でも、〈経済学系〉福祉国家研究と〈社会学系〉福祉国家研究とのあいだにみられるスタンスの違いを指摘することは有効であろう。なお、この点はある意味で〈経済学系〉福祉国家研究の重大な限界の1つであるといえる。なぜなら、たとえば、労働政策の枠を超えた、あるいはそれと結びつきの弱い、たとえば、保健医療や介護、また貧困者や低所得層のみならず中間層をもその対象とする社会サービスなどを、資本主義における労働（力）の問題や階級対立の問題にすべて還元することは簡単な作業ではない。たしかに、マルクス経済学の伝統の強い日本の「社会政策＝労働政策」を批判的に捉えている武川が、「福祉国家のもとでは国民の生活の隅々まで国家介入が及び、もはや労働は労働だけ切り離して論じることができなくなっている」（武川 1999：296）と述べていることに、そういった問題意識が反映されている。
　もちろん、上記の武川の指摘は、大河内の「社会政策＝労働政策」論を批判するものであり、本書でいう〈経済学系〉福祉国家研究への批判を念頭においたものではない。ただし、武川の「社会政策＝労働政策」批判の論点と、〈経済学系〉福祉国家研究のもつ特徴とのあいだには親和性がある。本文中でも言及しているが、〈経済学系〉福祉国家研究においては、林や加藤の議論によくみられるように、社会主義との体制対立あるいは階級対立や労使関係などといった資本主義における労働（力）の問題が浮き彫りになり、それらの問題と関係性の弱い制度・政策は、福祉国家を論ずるさいに副次的なものになる傾向が強い。この点では、大河内の「社会政策＝労働政策」論と加藤や林の福祉国家論は共通する特徴をもっ

ているといえる。また、武川の次の言葉も同様の意味として捉えることができる。すなわち武川は、「日本が福祉国家であるか否かということが問題ではなくて、いかなる特徴の福祉国家であるかということの方が問題となるべきであった。ところが、後者の問題に対しては、十分な検討が加えられてこなかったというのが、日本の社会政策学の現状ではなかろうか」（武川 1999：297-298）と述べている。これもまた、加藤や林の福祉国家研究について言及しているものではないが、〈経済学系〉福祉国家研究の成果をみてみると、やはり福祉国家の歴史的展開についての議論が多く、比較視点から福祉国家の構造的特徴についての分析は少ない。ただし、これらの研究スタンスの違いについては、以上のような指摘だけでは十分ではない。そもそも日本の福祉国家研究の源流については、日本の社会科学全般（例えば、大河内の社会政策論、宇野学派の段階論、大塚史学等々）に対する歴史的な考察が必要であり、それについての考察によって本書でいう〈経済学系〉福祉国家研究と〈社会学系〉福祉国家研究の類似と差異がより明確に現れると思われる。日本の社会科学全般については、石田（1984）の明晰な分析が参考になる。

2章
日韓比較分析の新しい視点

1 東アジア福祉国家研究の興隆

　福祉国家研究の分野で東アジアへの関心が高まった背景として、1997・8年のアジア金融危機があったことに異論はないであろう。危機のさいにアジア各国では、そこで発生した失業や貧困問題に対する政府の積極的な対応が行われ、社会保障・福祉政策の急激で全般的な変化がみられた。「福祉国家の超高速拡大」がいわれた韓国がもっとも代表的なケースであるが、台湾にみられた公的扶助制度や医療保険の改革と拡大などの政策変化も注目に値するものであった。危機のさいにアジア諸国に経済的支援を行っていたIMFや世銀またアジア開発銀行などの国際機関では、それらの国々に対して政策提言を行いながら、各国の経済・社会政策の現状や政策改革の内容を含むいくつかの報告書を出したが（ADB & World Bank 2000；World Bank 2001；OECD 2002など）、アカデミックの世界においても東アジアへの関心が高まった。「開発主義福祉国家」（Kwon ed. 2005）や「生産主義福祉資本主義」（Holliday & Wilding eds. 2003）、また「混合型福祉レジーム」（Esping-Andersen 1990 = 2001；1997；1999 = 2000）など、主に東アジア諸国・地域を欧米の福祉国家と対比するかたちでその特徴づけを試みる議論

が、1990年代後半以降活発に行われるようになった。

　このような東アジアをめぐる現実的、学問的な状況変化がきっかけとなり、日本の福祉国家研究の分野においてもそれらの国・地域が注目を集めるようになった。日本国内における東アジアへの関心の高まりには、「近隣の国々の状況を知る」というような現実的な問題関心があったり、これまでの日本における欧米中心の研究傾向に対する反省という学問的な問題関心があったり、またこの学問的な問題関心からさらにすすんで、東アジア研究をとおして欧米における福祉国家研究そのもののもつ限界を補完・克服しようとする

〈表2-1〉東アジア福祉国家研究の成果

2002年	・金永子監訳『韓国の社会福祉』新幹社 ・村上薫編『後発工業国における女性労働と社会政策』アジア経済研究所
2003年	・広井良典・駒村康平編『アジアの社会保障』東京大学出版会 ・宇佐見耕一編『新興福祉国家論――アジアとラテンアメリカの比較研究』アジア経済研究所 ・上村泰裕・末廣昭編『東アジアの福祉システム構築』東京大学社会科学研究所研究シリーズ
2004年	・大沢真理編『アジア諸国の福祉戦略』ミネルヴァ書房 ・田多英範編『現代中国の社会保障制度』流通経済大学出版会
2005年	・宇佐見耕一編『新興工業国の社会福祉――最低生活保障と家族福祉』アジア経済研究所 ・武川正吾／キム・ヨンミョン編『韓国の福祉国家、日本の福祉国家』東信堂
2006年	・社会政策学会編『東アジアにおける社会政策学の展開』法律文化社 ・武川正吾／イ・ヘギョン編『福祉レジームの日韓比較――社会保障・ジェンダー・労働市場』東京大学出版会 ・野口定久編『福祉国家の形成・再編と社会福祉政策（日本・韓国――福祉国家の再編と福祉社会の開発）』中央法規 ・社会保障研究会訳『韓国福祉国家性格論争』流通経済大学出版社 ・末廣昭編『東アジアの福祉システムの行方』東京大学社会科学研究所 ・孫暁冬『中国型ワークフェアの形成と展開――福祉資本主義と市場社会主義における福祉レジームの可能性』昭和堂
2007年	・宇佐見耕一編『新興工業国における雇用と社会保障』アジア経済研究所 ・奥田聡編『経済危機後の韓国――成熟期に向けての経済・社会的課題』アジア経済研究所 ・武川正吾『連帯と承認――グローバル化と個人化のなかの福祉国家』東京大学出版会

2007 年	・沈潔編『中華圏の高齢者福祉と介護――中国・香港・台湾』ミネルヴァ書房 ・広井良典・沈潔編『中国の社会保障改革と日本――アジア福祉ネットワークの構築に向けて』ミネルヴァ書房 ・勅使千鶴編『韓国の保育・幼児教育と子育ての社会的支援』新読書社 ・埋橋孝文・小田川華子・木村清美・三宅洋一・矢野裕俊・鷲巣典代訳『東アジアの福祉資本主義』法律文化社
2008 年	・末廣昭編『東アジアの社会保障制度と企業内福祉』日本学術振興会科学研究費報告書 ・金永子『韓国の福祉事情』新幹社 ・金成垣『後発福祉国家論――比較のなかの韓国と東アジア』東京大学出版会 ・王文亮『現代中国の社会と福祉』ミネルヴァ書房 ・袖井孝子・陳立行『転換期中国における社会保障と社会福祉』明石書店 ・宇佐見耕一編『新興工業国における雇用と社会保障』アジア経済研究所
2009 年	・埋橋孝文・木村清美・戸谷裕之編『東アジアの社会保障――日本・韓国・台湾の現状と課題』ナカニシヤ出版 ・王文亮『社会政策で読み解く現代中国』ミネルヴァ書房 ・井伊雅子『アジアの医療保障制度』東京大学出版会
2010 年	・末廣昭編『東アジア福祉システムの展望――企業内福祉と社会保障制度』ミネルヴァ書房 ・林春植ほか『韓国介護保険制度の創設と展開――介護保障の国際的視点』ミネルヴァ書房 ・金成垣編『現代の比較福祉国家論――東アジア発の新しい理論構築に向けて』ミネルヴァ書房 ・王文亮『現代中国社会保障事典』集広舎 ・飯島渉・澤田ゆかり『高まる生活リスク――社会保障と医療』岩波書店 ・萩原康生『アジアの社会福祉』放送大学教育振興会
2011 年	・李蓮花『東アジアにおける後発近代化と社会政策――韓国と台湾の医療保険政策』ミネルヴァ書房 ・春木育美・薛東勲編『韓国の少子高齢化と格差社会――日韓比較の視座から』慶應義塾大学出版会 ・伊藤公雄ほか編『現代韓国の家族政策』行路社 ・樋口明彦ほか編『若者問題と教育・雇用・社会保障――東アジアと周縁から考える』法政大学出版局 ・野口定久編『家族／コミュニティの変貌と福祉社会の開発（日本・韓国――福祉国家の再編と福祉社会の開発）』中央法規 ・宇佐見耕一『新興諸国における高齢者生活保障制度――批判的社会老年学からの接近』アジア研究所 ・五石敬路編『東アジアにおける都市の貧困』国際書院
2012 年	・埋橋孝文・于洋・徐榮編『中国の弱者層と社会保障――「改革開放」の光と影』明石書店
2013 年	・大友信勝編『韓国における新たな自立支援戦略』高菅出版 ・菅谷広宣『ASEAN 諸国の社会保障』日本評論社

2014年	・末廣昭編『東アジアの雇用・生活保障と新たな社会リスクへの対応』東京大学社会科学研究所研究シリーズ ・高安雄一『韓国の社会保障——「低福祉・低負担」社会保障の分析』学文社 ・大西裕『先進国・韓国の憂鬱』中央公論新社 ・沈潔『中国の社会福祉改革は何を目指そうとしているのか——社会主義・資本主義の調和』ミネルヴァ書房 ・郭芳『中国農村地域における高齢者福祉サービス——小規模多機能ケアの構築に向けて』明石書店 ・久保英也『中国における医療保障改革——皆保険実現後のリスクと提言』ミネルヴァ書房
2015年	・増田雅暢・金貞任・包敏・小島克久・河森正人『アジアの社会保障』法律文化社 ・宇佐見耕一・牧野久美子『新興諸国の現金給付政策——アイディア・言説の視点から』アジア経済研究所 ・上村泰裕『福祉のアジア——国際比較から政策構想へ』名古屋大学出版会

出所：筆者作成

問題関心があったりしたが、このようなさまざまな問題関心とその相互作用によって、2000年代初頭以来、数多くの研究成果が出されるようになった。**表2-1**はその代表的なものを示している。毎年数冊の研究書が刊行されていることをみるだけでも、この分野における東アジアへの関心の高まりを実感できる。いまや東アジア研究が福祉国家研究の１つのサブカテゴリーとして定着しているともいえる。

　以上のような東アジア福祉国家研究の活発な研究を背景にしながら、本章で問題にしたいのは、前章でみた、福祉国家研究における２つの潮流、つまり〈経済学系〉福祉国家研究と〈社会学系〉福祉国家研究が互いにかかわりのない研究状況が、東アジア福祉国家研究の展開においても依然として変わっておらず、それが、東アジア諸国・地域の分析に重大な限界をもたらしていることである。前もって指摘しておけば、〈経済学系〉福祉国家研究における段階論的アプローチと〈社会学系〉福祉国家研究における類型論的アプローチのあいだに接点がみられないまま展開されている東アジア福祉国家研究は、それぞれのアプローチのもつ限界のゆえに、福祉国家の歴史的展開における「先発」と「後発」という「時間差」を捉える視点が欠如してしまい、東アジア諸国・地域の分析に成功していない。

　以下、本章においては、「時間差」を捉える視点から日本を含む東アジア

福祉国家を分析するという問題関心にもとづいて既存研究の限界を検討し、次章以降における日韓分析のための方法論的論点を明らかにしたい。

2　時間軸の比較視点から福祉国家を分析する

（1）求められる「時間差」を捉える視点

　この十数年間活発に行われてきた東アジア福祉国家研究の中身を少し突き詰めてみると、これまでほとんど注目されることのなかった新しい問いが出されていることに気づく。その新しい問いとは、序章でも述べた、西欧の国々と東アジアの国々のあいだにみられる福祉国家展開の「時間差」という問題をいかにして比較分析のなかに取り入れるかということである。以下のような引用文にそれが明確にあらわれている。

　　後発福祉国家、あるいは新興福祉国家としての時間差を考慮に入れざるをえないのではないか。……これはアジアモデルを考えるときの、ひとつの手がかりになるのではないか。（大沢編 2004：328）[4]

　　（東アジア諸国と）もうひとつの後発福祉国家である地中海－南欧諸国との異同を検討し、Esping-Andersen の『3つの世界』モデルでは明示的には取り上げられていない〈時間軸〉の経済・社会構造への影響の一端を探る。（宮本／イト／埋橋 2003：296）

　　福祉レジーム論を深化させていくもう1つの方向は、いわば時間軸に沿った視野の拡大であり、後発福祉国家の理論的包摂である。（宮本 2003：22）

　これまで西欧諸国を中心として展開されてきた福祉国家研究では、福祉国家展開における「時間差」の問題を積極的に取り入れることがほとんどな

かった。そもそも西欧諸国の場合、ほぼ似たような時期に福祉国家化を経験しており、それらの国々の比較分析に「時間差」を捉える視点を取り込む必要はなかったからである。そして戦後日本が遅れて福祉国家化に乗り出したにもかかわらず、その「時間差」の問題に着目する研究はなかった。当初の議論をみると、日本は単に福祉国家としての例外とみなされる傾向が強かった。しかしながら 1990 年代末以降、韓国や台湾、中国など、他の東アジア地域で福祉国家の萌芽的発展がみられるようになり、例外としての「日本＝個別国家」ではなく、遅れて福祉国家化を経験している「東アジア諸国＝国家群」が発見された。そこで東アジアが福祉国家研究の舞台に本格的に登場したわけだが、それでも西欧の「先発国」と東アジアの「後発国」とのあいだに存在する「時間差」の問題を、比較分析の変数として積極的に取り入れた研究はほとんど見当たらない。

その重要な理由は、前章でみてきた 2 つの潮流のなかで展開されてきた福祉国家研究の伝統に求めることができる。すなわち、〈経済学系〉福祉国家研究と〈社会学系〉福祉国家研究が互いにかかわりなく展開されるなかで、前者における段階論的アプローチだけでも、後者における類型論的アプローチだけでも、それぞれのアプローチのもつ限界のゆえに、「時間差」を捉える視点を確保できなかったのである。以下、この点についてもう少し詳しくみてみよう。

(2)「時間」をみるか「差」をみるか

まず、〈経済学系〉福祉国家研究における段階論的アプローチについていえば、その主な問題関心が「福祉国家か否か」という問いにもとづいた「縦」の歴史分析におかれていて、「横」の国際比較とそれによる各国の多様性には大きな関心を払っていない。「時間差」という文脈で考えると、この段階論的アプローチにおいては、「縦」の歴史比較によって福祉国家の歴史的展開における「時間」を捉える視点を取り組むことは容易である。しかし「横」の国際比較の視点が弱いため、各国の「差」がみえにくい。つまり、「時間」はみえても「差」がみえないということである。

実際、この段階論的アプローチによる東アジア研究をみると、福祉国家の

歴史的展開についての「収斂論的理解」が強く、その理解のなかで各国の違いが捨象されることが多い。そこに国際比較の視点を取り入れても「一国一類型論」といったかたちの結論になってしまう。

次に、〈社会学系〉福祉国家研究における類型論的アプローチについていえば、「いかなる福祉国家か」という問いを重視するこのアプローチは、「横」の国際比較や各国の多様性に分析の焦点がおかれていて、「縦」の歴史比較は主な問題関心ではない。そのため、「時間差」という文脈でみると、段階論的アプローチとは逆に、各国の「差」を捉える視点が強いものの、「縦」の歴史比較の視点が弱いがゆえに、福祉国家の歴史的展開における「時間」の問題が軽視される。つまり、この類型論的アプローチからは、「差」はみえても「時間」がみえにくいということである。

実際、この類型論的アプローチにもとづく研究をみると、福祉国家の歴史的展開における「時間」の問題を無視して、西欧の福祉国家群と同一線上で東アジアのそれを特徴づけようとするものが多く、そのような比較分析からは、「混合型」あるいは「第4の類型」といったようなかたちで、東アジアの「座りの悪さ」のみが強調されることが多い。

このようにみると、東アジア福祉国家研究に求められている「時間差」を捉える視点は、段階論的アプローチと類型論的アプローチのどちらか1つのアプローチだけでは確保できないことになる。いうまでもなく、「時間差」を捉える視点の確保のためには、その両アプローチの結合が必要となってくるが、実際の研究においてはその接点がみられないがゆえに、多くの研究において東アジアの福祉国家の特徴を正確に捉えることができなくなっているといえる。

このような既存研究の限界を認めれば、「縦」の歴史分析を重視する段階論的アプローチと「横」の国際比較を重視する類型論的アプローチを結合することによって「時間＋差」をみる視点を確保することが、福祉国家研究の重大な課題となるといえる。この課題は、西欧諸国を主な対象とした従来の福祉国家研究では注目されることがなかったが、東アジア諸国・地域における福祉国家の登場にともない、そこではじめて比較分析上の重大な課題としてあらわれたことを強調しておきたい。

(3) 段階論的アプローチと類型論的アプローチの結合の試み

「武川－田多論争」の意義

　これまで東アジア福祉国家研究において、既述したように「時間差」を捉える視点が求められるなか、明示的ではないにせよ、両アプローチの結合が試みられてきたことも事実である。たとえば、「武川－田多論争」ともいうべき次の4つの論文のなかで、その試みの萌芽的な展開を見出すことができる。論争の詳細はそれぞれの論文を参照されたいが、ここでその論点だけを簡単に紹介してみよう。

①武川正吾「韓国の福祉国家形成と福祉国家の国際比較」武川／キム・ヨンミョン編『韓国の福祉国家・日本の福祉国家』東信堂（2005）
②田多英範「日本の福祉国家化と韓国の福祉国家化」『週刊社会保障』No.2423（2007）
③武川正吾「日韓比較をとおしてみた福祉国家論――田多英範氏の批判に答えて」『週刊社会保障』No.2438（2007）
④田多英範「日本の福祉国家の成立をいかに捉えるか」『週刊社会保障』No.2484（2008）

　①において武川は、1990年代後半以降の韓国における福祉国家成立の経験を取り上げ、それを日本やヨーロッパ諸国と対比するかたちで説明しつつ国際比較の新しい方法論を模索している。韓国、日本、ヨーロッパ諸国における福祉国家成立の時期と各々の時期における国際環境の違いに着目しながら、Esping-Andersen（1990＝2001）の福祉レジーム論とは異なる意味での3つの類型を見出しているが、この新しい「3つの世界論」が彼のメインテーマである。②において田多は、それについての論評を行っている。そこで田多が問題視しているのは、武川のメインテーマである3つの世界論ではなく、その根拠となっている福祉国家成立論である。田多は、主に日本の経験を取り上げ武川の福祉国家成立時期の捉え方を批判的に検討しつつ自説を展開している。そして③において武川は、自らの3つの世界論の意義と意味を再確認したうえで、福祉国家成立期についての田多の問題提起に対し

てリプライと反論を展開している。④はそれに対する田多の再反論である。

　段階論的アプローチと類型論的アプローチの結合を考える上で、この「武川－田多論争」は大きな意味をもつ。すなわち、武川の新しい３つの世界論は、福祉国家の成立時期が福祉国家のあり方に及ぼす影響に着目した点で、時間軸の視点が弱い類型論的アプローチの限界を乗り越えようとした試みであるといえる。他方、この３つの世界論の根拠となっている福祉国家の成立についての田多の問いかけは、彼がこれまで、日本の経験をふまえ韓国や中国など東アジアの福祉国家に対して試みてきた段階論的アプローチによる問題提起である。つまり、この論争は、本書でいう〈経済学系〉福祉研究と〈社会学系〉福祉国家研究が交差する接点にあり、またそれが示す論点は、東アジア福祉国家研究における段階論的アプローチと類型論的アプローチの結合という課題に重要な示唆を与えているものといえる。

　この「武川－田多論争」は、「時間差」を捉える視点の重要性を認識させる上で大きく貢献したと思われる（金成垣編 2010）。宮本は「武川－田多論争」の意義を受けとめつつ、「碁盤の目」の比喩から、東アジア福祉国家研究の方法論的論点をさらに具体的に提示している。

> 　碁盤の目の縦軸は、それぞれの福祉国家が時系列的に発展していくプロセスを示す。すなわち、個別の福祉国家が経路依存的に発展していく経緯を示す線である。韓国はこの線のスタートラインがヨーロッパの国々に比べてかなり遅く、日本のスタートラインはヨーロッパよりは遅く、韓国よりは早いポイントにある。このスタートラインの相違は、それぞれの動員しうる政策手段の相違をも意味する。他方で、このラインとクロスする碁盤の目の横軸は、それぞれの系譜が同じタイミングで直面していく国際的な政治経済環境の段階を示す。……福祉国家の発展はこうした個別福祉国家の系譜的特質と国際政治経済の環境がクロスするなかで方向づけられていく。（宮本 2010：406）

　このように、ある福祉国家を分析するにあたり縦断的な視点と横断的な視点を設定し、その組み合わせによって、段階論的アプローチと類型論的アプローチの限界を克服しながら、各国の特徴をより現実に合致したかたちで捉

えることができると思われる。もちろん、宮本も指摘しているように、縦軸と横軸における多様な変数を整理し、その組み合わせのパターンを論じることは簡単なことではない。しかし比較福祉国家研究の最終目標が、単にいくつかの類型を提示することではなく、それぞれの国の現状と歴史をよりよく把握することであれば、類型論的アプローチだけでもなくまた段階論的アプローチだけでもない、両者を結合する新しいアプローチを模索していくべきと考える。

後発福祉国家論の展開

　以上のような議論の展開のなかで、東アジア諸国・地域における福祉国家を「後発型」あるいは「後発国」と捉える、いうならば後発福祉国家論が展開されるようになったことは注目に値する（武川 2007；金成垣 2008；金成垣編 2010；李蓮花 2011：2012）。その詳しい中身はそれぞれの研究を参照されたい。ここで強調したいのは、その後発福祉国家論は、本書の文脈でいうと、「縦」の歴史分析と「横」の国際比較を同時に視野に入れた「時間＋差」を捉える視点から、東アジアの福祉国家を「後発国」と位置づけつつ、その具体的なあり方を分析していることである。これらの議論は、段階論的アプローチと類型論的アプローチの結合を試みることで、一方では、段階論的アプローチにみられる「収斂論的理解」や「一国一類型」といった問題を克服し、他方では、類型論的アプローチにみられる「混合型」や「第4の類型」のような「座りの悪さ」の問題を克服しようとしている点で高く評価できよう。そしてその試みのなかで、これまでの福祉国家研究で指摘されてこなかった新しい方法論的論点や東アジア福祉国家の歴史的・構造的特徴が見出されていることも注目に値する。

　ただし、以上のような後発福祉国家論が今日の東アジア福祉国家研究における確立した分析枠組みあるいは分析視点として定着しているかというと、そうとはいえない。これに関しては、大きく次の2点を指摘することができよう。

　まず1点目は、多くの研究において、分析の焦点が社会保障とかかわる制度・政策に偏っていることである。しかし、そもそも福祉国家が雇用保障と社会保障という両軸から構築・展開されてきたという歴史的な事実を認識

すれば、社会保障の分析だけで、福祉国家の特徴が十分に捉えられるとはいいにくい。じつはこの点は、分析の出発点において、その対象となる福祉国家についての共通の基準が不明のため、分析から導出された諸結果に関してもその妥当性を検証することが難しいという、研究方法論上の致命的な問題ともいえる。

次に2点目は、西欧諸国との比較のさい、しばしば日本や韓国を含む東アジア諸国・地域が「後発国」として一括りにされることである。しかし、西欧諸国と同様に東アジア諸国・地域のなかにも多様性が存在することを認識すれば、その多様性についても注目すべきであり、じつはその「後発国」のなかの多様性を検討することによって、後発福祉国家論の方法論的論点がより明確になるはずである。もちろん、東アジア諸国・地域の多様性について指摘する研究もあるが、問題は、上記のように福祉国家についての共通の基準が不明であるため、その分析の結果についての妥当性の検証が難しいということである。

このような既存研究の限界をふまえ、以下では本章の最後に、共通の基準としての福祉国家の定義を明確にしたあと、それをふまえ、次章以降の「後発国」の多様性を明らかにするための日韓比較分析に移りたい。

3　日韓比較分析のために

(1) 雇用保障と社会保障からなる福祉国家

雇用保障と社会保障

福祉国家についての共通の基準といっても、その答えは必ずしも明確ではない。これまで数多くの研究者によって福祉国家の定義についての議論がなされてきているが、その具体的な中身は、福祉国家とかかわる制度・政策の有無や整備水準、その支出の高低、またはそれらの制度・政策の意味としての生存権あるいは社会権の保障、さらにはそれをとりまく政治勢力のあり方等々、それを論ずる人々の学問的な立場や考え方によって大きく異なってく

る（金成垣編 2010）。ただし、段階論的アプローチと類型論的アプローチを結合し、「時間＋差」を捉える視点を確保するという本書の問題関心からした場合、1つ確実なのは、その福祉国家の共通の基準については、概念的あるいは理論的というより、経験的あるいは歴史的に探るのが妥当であるということである。

つまり、歴史的存在としての福祉国家であり、それは資本主義と切り離して考えることはできない。というより、かつて K. Polanyi（Polanyi 1957）が資本主義の歴史を、19 世紀の自由放任体制から 20 世紀の福祉国家体制への「大転換」と捉えたように、福祉国家は、資本主義の歴史のなかの一形態といえる。20 世紀以降の資本主義が「福祉資本主義」（Esping-Andersen 1990 = 2001）あるいは「福祉国家資本主義」（田多 1994；岡本 2007；2014）と呼ばれるゆえんである。

この考え方からすれば、20 世紀の資本主義がそれ以前と何が違うかということが、福祉国家を捉える核心ポイントとなる。20 世紀前半に先進諸国においては、戦争や恐慌により、社会の安定を脅かすほどの大量の失業者や貧困者が発生した。この失業・貧困問題は、資本主義の根幹をなす「労働力の商品化」の矛盾を露呈するものであったが、そこで国家はその解決のために、以前とは異なり経済過程に全面的に介入せざるをえなかった。具体的にいえば、一方では安定的な雇用の機会を提供し所得を保障する政策を行い、他方では直接給付を行い当面の失業や貧困を救済する政策を行った。前者を雇用保障政策、後者を社会保障政策と呼ぶことができるが、この両政策が 1 つのセットとなり、「労働力の商品化」の矛盾を是正する機能を果たすこととなったのである。

要するに、福祉国家は、資本主義における人々の生活あるいは生存を「労働力の商品化」に任せるのではなく、雇用保障と社会保障との連携を通じて、それを直接保障することをめざす国家体制として、20 世紀前半以降に成立したものといえる。

雇用保障と社会保障の関係

ただし、福祉国家が雇用保障と社会保障を両軸にするものといっても、その両政策は同等の位置にあるものではないことに注目すべきである。

資本主義社会における福祉国家の歴史的意味からすれば、福祉国家のなかで、雇用保障は「労働力の商品化」を、社会保障は「労働力の脱商品化」を支援あるいは保障するものということができるが、資本主義である以上、「労働力の商品化」、つまり労働により所得を得て生活を営んでいくということが大前提であり、それゆえ、その「労働力の商品化」を支援する雇用保障政策の方が、あくまで福祉国家の第1線での役割を果たすことになる。これに対して、「労働力の脱商品化」を保障する社会保障政策は第2線、つまり失業や病気などによって一時的に所得を喪失した場合、あるいは加齢や障害などによって労働を持続することが困難になった場合にはじめて、その役割を発揮するものである。(5) 福祉国家が資本主義を前提として成立している以上、社会保障が雇用保障より前面に出ることはけっしてなく、雇用保障と社会保障とが、それぞれ主軸と副軸として連携して福祉国家という体制を構成するのである。

　このようにみると、福祉国家のなかで、副軸としての社会保障のあり方は、主軸としての雇用保障のあり方に大きく左右されることになるといえる。すなわち、社会保険や公的扶助の具体的な制度構成やそのための財政調達を含む制度運営方式などは、それぞれの福祉国家において人々がいかなるかたちで働いているのか、たとえば、農業中心か工業中心か、製造業中心かサービス業中心か、大企業中心か中小企業中心か、さらには正規職中心か非正規職中心か等々といった産業・就業構造のあり方、またそのなかにおける性別役割分業構造のあり方などに強く規定されることになるものと考えられるのである。

　時間軸の比較視点から日本と韓国の福祉国家を分析するにあたり、まずその出発点において、以上のように雇用保障と社会保障を両軸にする、正確にいえば、雇用保障を主軸、社会保障を副軸とする福祉国家を想定すべきであると思われる。

　いずれにせよ、以上のような福祉国家は、歴史的にみると、多くの先進国において戦間期あるいは戦後すぐまでに成立し、その後長い歴史のなかで展開されてきた。もちろん、雇用保障と社会保障を構成する制度・政策の具体的な中身やそれらの連携のあり方は、各社会においてまた各時代において異なってくる。

(2) 後発国の多様性へ

 それでは、以上のように雇用保障と社会保障からなる福祉国家を想定した場合、日本と韓国の経験はいかに説明できるか。
 両国における福祉国家の成立過程やその中身に関して次章以降で詳しく検討するが、ここで簡単にいうと、日本では西欧諸国に比べて若干遅れて、戦後から1960年代初頭にかけて、そして韓国ではそれよりさらに遅れて1990年末から2000年代にかけて、雇用保障と社会保障を整備しつつ福祉国家が成立したといえる。この福祉国家の成立時期からして、日本と韓国は西欧諸国と比較して「後発国」とされるが、当然ながら日韓両国のあいだにも福祉国家成立の時間差があるということになる。
 時間軸の比較視点から福祉国家を分析する本書のスタンスからして日韓における福祉国家成立の時間差は非常に重要なポイントとなる。すなわち、日本と韓国のあいだには福祉国家成立のスタートラインが異なっており、そのため、上記の宮本の指摘通り、その成立期において、それぞれ動員しうる政策手段が異なってくる。福祉国家の成立期における政策手段の相違は、当然ながら福祉国家全体として異なる特徴をもたせることとなり、その特徴は、成立後における福祉国家の展開のなかで、経路依存性をもって維持・変容されていくものと考えられる。そのため、時間軸の視点から福祉国家を比較分析するさいに、そのスタートライン、いいかえれば福祉国家の成立期に焦点をおいて分析を展開することが重要なのである。成立後、いわゆる経路依存性によって初期の特徴を多かれ少なかれ残しながら福祉国家が展開していくと考えられる。
 そこで次章以降では、主に日韓両国における福祉国家の成立期に着目し、その成立期における雇用保障と社会保障の特徴を明らかにする。そして成立後の展開を視野に入れながら、成立期における特徴がその後いかに維持・変容してきたかについても考察を行いたい。
 以上のような論点にもとづきつつ、西欧諸国と異なる「後発国」としての日本、またその日本と異なるもう1つの「後発国」としての韓国について比較分析を行い、「後発国」の多様性を明らかにするとともに、そこから見出される新しい方法論的論点、つまり時間軸の比較視点を取り入れた福祉国

家研究の新しいアプローチの可能性を探ることが，本書の最終的な目的である。

注

(1) 1990年代後半を前後して、日本の福祉国家研究分野にみられた問題関心の変化を明らかにするために、以下の引用文に注目してみたい。最初の文章は、日本の比較福祉国家研究の嚆矢ともいわれる1990年代後半の『現代福祉国家の国際比較——日本モデルの位置づけと展望』(埋橋1997) において、埋橋がそれ以前の研究とは異なる自らの研究の新しさを強調するために書いたものであり、その次の文章は、2000年代後半に発表された論文「社会政策学会の再々出発」(武川2008) において、武川が1990年代後半以降この分野にみられた研究傾向の特徴を指摘したものである。10年ほどの時間をおいて書かれた2つの文章を合わせて読むと、1990年代後半以降の福祉国家研究の分野であらわれたいくつかの重要な特徴を読み取ることができる。

> わが国では、これまでの福祉国家や社会保障の分野で一種の国際比較研究が広範におこなわれており、その研究蓄積には誇るべきものがある。しかし厳密にいえば、これらの研究は『比較研究 (comparative study)』ではなく、『外国研究 (foreign study)』あるいは『地域研究 (regional study)』と命名されるべきものである。これらは、特定の国 (多くの場合、欧米諸国) をとりあげ、歴史的経緯をたどり、そのあいだの紆余曲折、経緯を論じる。……(それらの研究においては) 日本の位置を国際比較的に明らかにするという本書のような問題意識は希薄であった、といえる。(埋橋1997：7-8)

> (1990年代後半以降に新しく登場した研究傾向の1つは) 国際比較である。従来からの外国研究や比較研究に加えて、1990年代にエスピン・アンデルセンの福祉国家レジーム論 (Esping-Andersen 1990) が国際的に影響力をもったことによって、日本でも、単なる制度記述や制度比較を超えた社会科学的な意味での比較研究が始まった。また欧米諸国だけでなく東アジア諸国が比較対象として加わることによって、東アジアに焦点を置いた新たな比較研究の潮流も生まれた。(武川2008：11)

以上の引用文から読み取れるように、1990年代後半以降のこの10年間の福祉国家研究の分野にみられた重要な特徴としては、1つは、国際比較の視点から日本の位置づけを明らかにしようとする研究が登場したこと、もう1つは、その比較対象として欧米諸国のみならず東アジア諸国・地域への関心が高まったことをあげることができる。このような問題関心の変化のなかで、本章で扱う日本や韓国を含む東アジア諸国・地域を対象とした比較福祉国家研究が盛んになってきた。

(2) 日本国内の福祉国家研究分野における東アジアへの関心の高まりには、大きくわけて次の3つの問題関心があったと思われる。
第1に、日本の政策現実をめぐる実践的な問題関心である。日本の1990年代は「失われた10年」が示しているように、それまでの高度経済成長が終焉し、低成長の状況の下で福祉の分野——とくに年金と医療分野——においては支出増加を抑制する新自由主義的な政策

基調がみられた。しかしこの日本の状況とは対照的に、東アジアの他の国ではアジア金融危機にもかかわらず福祉分野での急速な拡大がみられ、同時に経済危機から早期に脱皮して従前の経済状況を取り戻すケースもあらわれた。このような状況のなかにあって、日本で現実の政策を考えるさいに以前とは異なり東アジアの国々もその参照群として取り上げる傾向がみられるようになった。たとえば、『アジアの社会保障』（広井・駒村編 2003）のような研究成果にもそういった認識がみられている。すなわち、「現在のようにこれまでの『欧米諸国へのキャッチアップ』型の志向だけでは諸課題の解決が困難な時代においては、欧米諸国のみならず、それ以外の諸地域とりわけ近い位置にあるアジアに視点を向け」る必要があることを指摘している（広井・駒村 2003：i-ii）。このような問題意識から、同書は、中国、韓国、台湾、シンガポールだけでなく、インドネシア、フィリピン、タイ、ベトナム、カンボジアなどを含む広範にわたるアジア地域の社会保障の現状と歴史を分析・考察している。日本との直接的な比較分析は行っていないが、「今後の日本にとっての示唆」（広井・駒村編 2003：ii）を探ることが、同書の1つの目的であることはたしかである。さらにいえば、『厚生（労働）白書』や『社会保障年鑑』などの政府公式文書においても海外の社会保障の情報について、欧米の主要先進国以外に韓国や中国などの東アジアの国々も取り上げるようになっており、これも、日本で現実の政策を考える際に以前とは異なり東アジアの国々もその参照群の1つになっていることを物語っている。

　第2に、日本の福祉国家研究における欧米中心の研究動向への反省という学問的な問題関心である。これまで日本で福祉国家の比較分析をするときに欧米諸国がその主な分析対象になっていたことはいうまでもない。1990年代末以降の東アジアへの関心は、そういった欧米中心の研究傾向から脱皮しようとする意図から始まった側面が強かった。たとえば、東京大学社会科学研究所の「危機の国際比較研究」の成果として出された『東アジアの福祉システム構築』（上村・末廣編 2003）には、従来の欧米中心研究に対する反省から、東アジアまで研究対象を広げようとする試みが反映されているといえる。周知の通り、同研究所は日本における福祉国家研究の分水嶺になった『福祉国家』シリーズを出したところであり、この「危機の国際比較研究会」という名称が示唆するように、そこには、従来の福祉国家研究にみられた欧米中心主義への反省から、東アジア諸国まで研究対象を広げるという意図が含まれている。その意図から、『東アジアの福祉システム構築』は全体 12 章の構成のなかで、前半部では東アジアの福祉を捉える視点と分析枠組みについて論じており、それに次ぎ、韓国、中国、台湾などの東アジア各国の社会保障・福祉制度の現状を、そして最後には、それらの国の比較分析とラテンアメリカとの比較をも試みている。この報告書は、上で取り上げた『アジアの社会保障』とともに、2000 年代以後、日本の福祉国家研究が欧米中心から脱皮して東アジアに目を向けるようになっていく信号弾となったといえる。

　第3に、欧米における福祉国家研究そのものの限界を補完あるいは克服しようとする学問的な問題関心である。その限界というは、武川にいわせれば、「福祉オリエンタリズム」というものである。欧米における研究傾向をみると、この「福祉オリエンタリズム」が強くはたらき、東アジアについての詳細な検討なしで、それらの国・地域を地域的あるいは文化的特殊性から一括して扱う傾向が多くみられていた。「福祉国家の類型化や国際比較に際して、ヨーロッパ諸国間の差異については詳細な検討を行うが、ヨーロッパから地理的に離れてくるにつれて、差異ではなくて類似を強調するような傾向」であったのである（武川／

キム・ヨンミョン編 2005：58）。本文中で取り上げた「生産主義福祉資本主義」論、「混合型福祉レジーム」論などの近年の研究成果はもちろん、それ以前の「儒教主義福祉国家」論（Jones 1993）や「日本に視線を向けた東アジア社会福祉レジーム」論（Goodman & Peng 1996）など、欧米で行われてきている東アジア研究のほとんどがそうであった。このような限界を乗り越えようとする試みとして、たとえば、「ポスト福祉オリエンタリズム・アプローチ」にもとづく武川らの共同研究の成果（武川／キム・ヨンミョン編 2005；武川／イ・ヘギョン編 2006）や、東アジア研究をとおして従来の比較福祉国家論の理論的射程を広げようとする大沢らの共同研究の成果（大沢編 2004）などがあげられる。さらにいえば、分析の視点はやや異なるが、『講座・福祉国家のゆくえ』シリーズの第 4 巻『アジア諸国の福祉戦略』（2004）においても、編者の大沢が述べているように、「（Wilensky の）総支出アプローチから（Esping-Andersen）の類型論へと進化してからも、比較福祉国家研究は、対象となる政策領域では制度化された社会保障・福祉と税制を中心として、地理的領域では欧米諸国を中心として、展開されてきた」（大沢編 2004：10）という、欧米における福祉国家研究への批判的立場が、その共同研究の出発点になっている。同書は、歴史的概念としての福祉国家あるいは社会政策の理論的拡張、それにもとづくアジア各国の現状・歴史分析、さらには世銀や ILO などの国際機関のアジア戦略についても分析を行っており、こういった研究をつうじて、「比較福祉国家論の理論的射程を広げること」（大沢編 2004：1）を試みている。このような傾向が、上述したような、日本をみるさいの Esping-Andersen の理論枠のもつ限界への問題提起と重なり、日本だけではなく、東アジアの他の国々も視野に入れながら、国際比較を試みる研究が活発に行われるようになった。

　いずれにせよ、以上の 3 つの問題関心が相互作用するかたちで、近年、日本の福祉国家研究の分野では東アジアへの関心が高まってきている。

(3)　福祉国家研究の分野とはいえないが、地域研究の分野においても 1990 年代末以降、東アジアの福祉国家についての研究が近年盛んになっていることを指摘しなければならない。歴史の長い日本の地域研究分野においては、古くからアジア諸国・地域を含む後発国を対象とする研究が活発に行われてきた。1990 年代末以降に盛んになっている東アジアの福祉国家に関する研究はその地域研究の一環として行われていることが多い。

　そもそも地域研究分野における東アジア研究は、1970 年代以降、それらの国々にみられた急速な経済成長に注目する経済学が中心であった。また経営学の分野からも、その急速な経済成長の担い手であった企業に関する多くの研究が行われてきた。他方で、経済成長の過程でみられた政府の役割、また政府と民衆の関係についての政治学からの研究も 1970 年代から行われ、1980 年代後半以降になると、韓国や台湾を含む東アジア地域における後発の民主化過程、そしてその過程でみられた労働運動や市民運動に着目する研究も活発に行われるようになった。

　本来、特定地域のあらゆる現状に関心をもつ地域研究であるから、この地域研究からの東アジア研究は、経済発展、政治変化、労働運動・市民運動の成長など、これまでの東アジア諸国における経済・政治・社会変動に敏感に対応するかたちで展開されてきた。このような傾向は、当然ながら、1990 年代後半以降、東アジアの福祉国家分野に対する関心へとつながることになる。アジア金融危機をきっかけとした失業・貧困問題とそれに対する各国政府

の政策的対応が注目を集めることになったからである。

　このような傾向は、日本でアジア研究の代表機関であるアジア経済研究所の研究成果にあらわれている。同研究所では、東アジア諸国を含む途上国についての研究成果として1980年代初頭から「研究双書」シリーズを刊行している。各国・地域の多方面の基礎研究成果をとりまとめた研究専門書であるが、毎年10冊内外で出版されているその研究成果をみると、2000年代に入ってからは、それ以前には皆無であった福祉（国家）をテーマとするものが多くなっている。

　その最初のものが、『新興福祉国家論——アジアとラテンアメリカの比較研究』（宇佐見編2003）である。副題からわかるように、アジアだけでなく、ラテンアメリカも含めた後発工業国を対象とした研究である。構成をみると、ヨーロッパ中心の福祉国家論の視野をアジアやラテンアメリカに拡張することを意図した理論的考察に次ぎ、前半部では台湾、韓国、香港などの東アジアにおける近年の政策変化について、そして後半部ではラテンアメリカの状況を扱っている。同書が刊行されたのは、上記の『アジアの社会保障』や『東アジアの福祉システム構築』と同年であり、その意味で2003年は日本における東アジア福祉国家研究の画期であったといえる。2005年には、『新興工業国の社会福祉——最低生活保障と家族福祉』（宇佐見編2005）が出版されたが、そこでは、各国の全般的な状況を扱うのではなく、公的扶助の分野と高齢者や児童の社会福祉分野に焦点をおいて分析を行っている。2007年には、主に韓国の状況を扱った『経済危機以降の韓国——成熟期に向けての社会・経済的課題』（奥田編2007）のなかで、非正規労働や都市自営業者の問題など労働市場の変化とともに、少子・高齢化対策、年金や公的扶助、そして財政の問題まで含む、韓国の福祉国家とかかわる多方面に渡る立体的な分析が試みられている。また同年の『新興工業国における雇用と社会保障』（宇佐見編2007）では、主に韓国、中国、台湾（とラテンアメリカ諸国）の労働や労使関係の問題を中心に社会保障制度の現状分析が行われている。その後も数多くの研究が展開されている。

　以上のようにこの分野で地域研究からの東アジア研究が活発に行われるようになったことは注目に値する。そもそも地域研究のもつ特性からして、その研究者たちは、福祉分野のみならずあらゆる分野について対象国の専門家であり、また対象国の言語もマスターしている。これによって、各国の経済・政治・社会など全般的な状況をベースに、また1次資料をもとにした幅広いかつ深層的な研究が可能なのである。さらにいえば、以上に取り上げたアジア経済研究所のさまざまな研究成果は、地域研究者のみならず、上述の社会保障・福祉研究者との共同研究の成果である。これは、社会保障・福祉研究者がヨーロッパだけでなく東アジアまで研究関心を広げたこととともに、地域研究者が東アジアの経済・政治分野だけでなく社会・福祉分野まで研究関心を広げたことによって可能となったことである。どの国のどの分野を研究するにしても、現状と歴史についての実証研究は欠かせないものであり、この意味で、地域研究が東アジアの福祉分野に取り組んだことは大きな意味をもつものだろう。今後、東アジア福祉国家研究の全般における地域研究のもつ意義と役割が、ますます大きくなっていくと考えられる。

(4)　この引用文は、『アジア諸国の福祉戦略』（大沢編2004）の出版企画の一環として開催された「座談会」で埋橋が発言したものである。

(5) この点については田多 (2010) による歴史的な考察が参考となる。

3章
時間軸の比較視点でみた
日本の福祉国家

1 日本における福祉国家の成立

終戦直後の概況

　日本において、雇用保障と社会保障の整備によって福祉国家が成立したのは、大量失業・貧困問題が発生した第2次世界大戦直後から1960年前後にかけてのことであった。

　1945年8月、第2次世界大戦は日本の敗戦というかたちで終了した。敗戦とともに、日本は言葉通り、混乱と困窮による社会的・経済的危機に直面することとなった。終戦前から全国の半分近くの都市が焼失し、すでに数多くの戦災者が浮浪化せざるをえなくなっていたが、終戦後には、旧植民地・占領地からの引揚者や復員軍人がそれにくわわり、混乱の度を深めていった。多くの生産設備が破壊され、軍需産業は停止し、民需産業の生産再開も非常に困難な状況のなかで、それらほとんどの人々は失業者に転落するしかなかった。当時の失業者数に関する正確な統計データは存在しないが、「総スラム化」（右田・古川・高沢編 2001：296）といわれるほど失業者・貧困者が大量発生した。かろうじて職を維持していた労働者でも、その賃金が大幅に引き下げられ、「賃金の意味を喪失」（丸山ほか編 1959：99）してしまって

いた。さらに食糧難や激しいインフレーションがそれに拍車をかけ、人々は飢えに直面しその生活は困難を極めていた(2)。

　終戦直後、日本社会に深刻な混乱をもたらした大量失業・貧困問題に対応するために、一方では雇用保障政策を推進しつつ、他方ではそれで救いきれない人々のために社会保障政策を推進することによって、福祉国家化に乗り出すこととなる。

福祉国家の成立

　まず、雇用保障としては、失業・貧困問題を解決するために、終戦直後から失業者に一時的に仕事を提供する失業対策事業が行われるが、1950年代になると、より積極的に雇用を創出するために、完全雇用をめざす各種経済成長政策が推進された(3)。それとともに中小企業・自営業保護政策や公共事業も実施された(4)。他方で、現役の労働者に対しては、労働基本権を守るべく戦後すぐに労働組合法（1945年）や労働関係調整法（1946年）、労働基準法（1947年）などが制定され、また1959年には労働者の賃金水準を確保するための最低賃金法が制定された。

　次に、社会保障については、当面の失業者や貧困者の所得を直接保障するために、1946年に戦前からの救貧制度を廃止し、現代的な意味での公的扶助制度として生活保護が創設された（1950年改正）。1947年には生活保護との関連で新しく失業保険が導入され(5)、短期失業者はこの失業保険で救済し、長期失業者や貧困者は公的扶助で救済するという社会保障制度の基本的な仕組みがつくられた。さらに、戦前からの年金や医療などの社会保険も戦後に再建され、その仕組みのなかに組み込まれるようになり、1950年代末に国民皆保険・皆年金体制を基軸とする社会保障制度が成立した（1961年から実施）(6)。

　いずれにせよ、ここで強調したいのは、以上のように戦後から1950年代にかけて、一方では、経済成長政策や労働基本権の承認などの雇用保障政策を推進し、他方では、社会保険や公的扶助などの社会保障制度を整備することによって、日本は福祉国家への道に入ったことである。この時期に日本で福祉国家が成立したといってよいであろう。

2　雇用保障と社会保障の特徴とその要因

　雇用保障と社会保障の両政策の整備は、福祉国家各国に共通の側面であるが、じつは、以上のように成立した日本の福祉国家には、他の国とは区別される重要な特徴がみられた。雇用保障と社会保障の中核となる構成要素からその特徴を確認してみよう。

(1)「全部就業政策」を基軸にする雇用保障

　まず、雇用保障の構成要素である。上記のように日本では、終戦直後から雇用を保障するためのさまざまな政策が推進されたが、そのうち、もっとも核心的な要素といえば、完全雇用政策と中小企業・自営業保護政策をあげることができる。

　完全雇用政策は、経済を成長させ雇用の場を拡大するという意味で、経済成長政策ともいえる。具体的には、1947年の傾斜生産方式からはじまり、その後、完全雇用をかかげて本格的に展開された経済自立5カ年計画（1955年）や新長期経済計画（1957年）、また国民所得倍増計画（1960年）などの各種の経済成長政策がそれにあたる。この完全雇用政策は、主に高生産性部門の大企業を保護育成するかたちで行われたものであるが、それとともに展開されたのが、競争力の弱い中小企業や農業等自営業に対する保護政策である。たとえば、中小企業に対する保護政策としては、1948年の中小企業庁の設立からはじまり、その後、国民金融公庫（1949年）や中小企業金融公庫（1953年）を通じての財政的支援、また中小企業安定化法（1952年）や下請代金支払遅延防止等法（1956年）の制定による保護措置などが行われた。農業部門の自営業に関しては、自作農の安定的な農業経営のために、政府主導による農協共同組合の結成（1948年）や農地法の制定（1952年）がすすめられ、また食糧管理制度や農業補助金の支給などによる農家の所得保障も行われた。地域の小商店など非農業部門の自営業に関しても、百貨店法（1956年）や商店街振興組合法（1962年）などの制定にみられるように、各種の保護政策が展開された。

福祉国家の核心政策として、しばしば社会保障政策とともに完全雇用政策が取り上げられるように（Mishra 1999；岡本 2007；田多 2010）[7]、そもそも福祉国家では、経済成長政策によって産業構造の転換をすすめながら、高生産性部門での雇用を拡大することで完全雇用がはかられる。日本の福祉国家もそうであった。しかし以上にみられるように日本では、その完全雇用政策と並んで、低生産性部門に対する保護政策も積極的に推進されたのが重要である。

　この点に関してよく指摘されるのが、スウェーデンの積極的労働市場政策との違いである（武川 2007：131；宮本 2008：23-28）。すなわち、スウェーデンの積極的市場政策では、産業構造の高度化をはかるため、低生産性部門は整理され、高生産性部門へと労働力を移すことで雇用を確保してきたが、日本の場合は、さまざまな保護あるいは支援策によって競争力の弱い中小企業や自営業の経営を安定させ、高生産性部門の大企業のみならず、それら低生産性部門での雇用も守られてきたのである。実際、1950年代後半の日本で、完全雇用政策だけではカバーできない、中小企業や農業分野での雇用が確保されたことに関して、完全雇用とは異なる日本特有の「全部雇用」の実現がいわれたのは、周知の通りである（経済企画庁 1957：35；野村 1998）。この意味において、完全雇用政策と中小企業・自営業保護政策からなる、いうならば「全部雇用政策」が、日本の福祉国家を構成する1つの軸であったことを指摘しておきたい。

　ただし、ここでその「全部雇用」という概念について若干の修正の必要性を指摘しなければならない。というのは、何より、その「全部雇用政策」のうち中小企業・自営業保護政策の主な対象となっていたのが、雇用主－被用者といった雇用関係あるいは雇用契約のない農業等の自営業や家族経営等の零細中小企業であったことを考えれば、それには「雇用」より「就業」という用語が相応しいと判断される。さらにいえば、第4章で詳しく検討しているように、本書で日本と比較する韓国の雇用保障政策の場合、社会的企業のようなサードセクターでの雇用創出・拡大政策がメインとなっており、その働き方のほうが「雇用」という概念に近い。この意味において、雇用保障政策にみられる日韓の違いを鮮明にするためにも、本書では、完全雇用政策と中小企業・自営業保護政策からなる日本の雇用保障政策を「全部雇用政

策」ではなく「全部就業政策」と呼ぶことにしたい。

(2)「混合型社会保険」を基軸にする社会保障

　次に、社会保障に関していえば、終戦直後から失業・貧困問題への対処としてさまざまな制度導入や整備が行われたが、そこで日本の社会保障制度の中核として生まれたものといえば、職域保険と地域保険の組み合わせによって成立した国民皆保険・皆年金体制をあげることができる。

　その成立過程を簡単にみると、職域保険としては、1922年の健康保険制度（1927年施行）や1944年の厚生年金（1941年の労働者年金保険から改称）が戦後に再建され、それに国家公務員共済組合（1948年）や私立学校教職員共済組合（1953年）などの各種共済組合制度が加わり、分立型社会保険制度が成立した。他方で、地域保険としては、1938年に任意設立・任意加入として創設された国民健康保険が、戦後の1958年に強制設立・強制加入へと改正され、それとともに1959年には、以前にはなかった国民年金が新しくつくられ、職域保険に加入できない零細中小企業の労働者や農民等の自営業者をカバーすることとなった。このように、一方では職域保険を整備し、他方では地域保険を整備して、この両制度を組み合わせることで、全国民を包括する国民皆保険・皆年金体制が成立したのである。

　そもそも社会保険の源流といえば、ドイツに典型的にみられる企業や職業をベースにした職域保険と、北欧に典型的にみられる地域をベースにした地域保険がある。日本の場合、ドイツ型と北欧型を折衷あるいは混合したことになるが（広井 1999；土田 2010；李蓮花 2011）、そのようなかたちで国民皆保険・皆年金体制を実現させた国はほとんどみられない。北欧諸国では、地域保険が発展したかたちで、税方式にもとづく統一的な制度によって全国民をカバーしているし、大陸ヨーロッパの多くの国では、職域保険が基本となっていて、必ずしも全国民を強制的に加入させるという方法はとっていない。これに対して日本では、両方式の混合によってすべての国民を強制的に加入させるという、「きわめて特殊な体制」（田多 2009：174）をとったのである。この「混合型社会保険」ともいうべき国民皆保険・皆年金体制を、上記の「全部就業政策」と並んで、日本の福祉国家を構成するもう1つの軸

として指摘できよう。

　以上のように、雇用保障としての「全部就業政策」、社会保障としての「混合型社会保険」を、成立期における日本の福祉国家の主要構成要素と指摘することができる。ここで注目したいのは、なぜそのような構成要素を整備することとなったのか、という点である。以下でみるように、そこには後発資本主義国としての日本の特殊な歴史的条件があった。

（3）後発資本主義国としての日本

後発国に特有の「経済の二重構造」問題

　各国における資本主義化のタイムラグを捉える1つの基準として、産業革命をあげることができる。その時期をみると、資本主義の母国であるイギリスでは、1830年までに産業革命がほぼ終わり、イギリスより遅れて資本主義化したドイツでは、1830年代に産業革命の過程に入り1880年ごろに終わった。日本はさらに遅れて、1886年ごろに産業革命がはじまり1907年ごろに終わる（石井1997）。

　日本は、このようにイギリスはもちろんドイツに比べても遅れて資本主義化に乗り出した。この「後発国」としての日本では、先発国で高度に発達した技術ならびに機械設備を導入・移植するようなかたちで資本主義の発展がはかられた。その過程で、重化学工業を中心とした近代産業に必要な労働力は相対的に少なくすみ、農民層の解体と輸出も徹底的に行われなかった。そのため、先発国とは異なり、農業や零細中小企業など前近代的な産業部門に非常に多くの過剰人口を残しながら、資本主義が発達することとなった。

　このような後発資本主義国の発達過程において発生する固有の問題として、開発経済学でいういわゆる「経済の二重構造」問題を指摘することができる（速水1995：188）。すなわち、低賃金労働の供給が豊富な段階で資本装備率が高い大企業が育成されると、その大企業と中小企業あるいは農業等自営業のあいだに生産性と賃金の格差が生じ、それが所得分配の不平等化をもたらすということである。この二重構造問題は、日本で重化学工業化がすすんだ戦間期に顕著にあらわれたが、戦後においても大きく変わらなかった。むしろ、戦後復興とともに各種の経済成長政策によって重化学工業の発展が本格

的にすすめられるなか、一方では、大企業を中心に安定的な雇用関係が定着し、他方では、低賃金や劣悪な労働条件の中小企業や農業が取り残され、両者のあいだには所得水準や労働条件などで深刻な格差が生じていた。[8]

たしかに「もはや戦後ではない」と宣言した『経済白書 昭和三一年版』の翌年に出された『経済白書 昭和三二版』をみると、「早すぎた拡大とその反省」という副タイトルがつけられ、「経済の二重構造」問題がクローズアップされている。すなわち「わが国の雇用構造においては一方に近代的な大企業、他方に前近代的な労資関係に立つ小企業および家族経営による零細企業と農業が両極に対立し、……いわば一国のうちに、先進国と後進国の二重構造が存在するのに等しい。……このような経済の不均衡的発展は所得水準の格差拡大を通じて社会的緊張を増大させている」（経済企画庁 1957：35-36）とし、二重構造問題の深刻性を指摘している。1950年代後半のことであるが、さらにその後、池田内閣によって策定された国民所得倍増計画（1960年）や第1次全国総合開発計画（1962年）でも、その二重構造問題を背景に、「格差の縮小」あるいは「均衡ある発展」をもっとも重要な政策課題の1つとして取り上げていた。戦前から資本主義の「後発国」として抱えつづけてきた二重構造問題が、戦後の高度経済成長に入ってからも消えておらず、さらに広がるなかで、今後の経済発展に向けての解決すべき「最大の課題の1つ」（田多 2009：136）として浮かび上がっていたのである。

「全部就業政策」による対応

この時期に形をつくった日本の福祉国家は、上のような「後発国」に特有の二重構造問題への対応という性格が強く、それが雇用保障と社会保障のあり方に大きな影響を及ぼすことになった。

まず、完全雇用政策と中小企業・自営業保護政策からなる「全部就業政策」が、その二重構造問題への対応であったことはいうまでもない。ここでふたたび上記の経済白書をみてみると、当時の具体的な状況が確認される。「（二重構造問題を解決するために：引用者）一つはもっぱら大企業を頂点とする近代部門の急速な成長をはかり、これを機関車として非近代部門を引っ張らせようとする考え方である。その二は、非近代部門そのものを近代化し生産性をあげる行き方である。わが国のように農業、中小企業の比重が大きい

国では、第一の方法によるだけではどうしても二重構造の格差が開き雇用の吸収も十分に行われないのではないだろうか。……非近代部門に対する特別な配慮を加味しなければ、二重構造改善の扶けにならない」(経済企画庁 1957：38-39) としている。ここでいう「非近代部門に対する特別な配慮」が、前述した中小企業政策や農業のためのさまざまな支援あるいは保護策であったことは間違いない。当時、各種の経済成長政策によって高生産性部門の大企業を保護育成することで完全雇用をめざしながらも、「今後も大企業は生産性の高い近代設備を備えつけていこうから、この面における大きな雇用吸収力は必ずしも期待しえない。年々増加する労働人口を吸収するために中小企業の役割は今後もきわめて大きい」(経済企画庁 1957：40-41) という認識のもとで、中小企業・自営業保護政策が積極的に推進されたのである。後発資本主義国としての日本では、完全雇用政策だけでは十分な雇用の確保が困難であったため、それと合わせて中小企業・自営業保護政策をすすめなければならなかったといえる。

「混合型社会保険」による対応

　以上のような状況のなかで、日本独自の「全部就業政策」が展開されたわけであるが、じつはその二重構造問題は、社会保障制度においても同様であった。すなわち、当時の二重構造問題は、労働条件や所得の格差拡大などの雇用の問題だけでなく、社会保険制度の未加入者の問題へとしてあらわれていた。1950年代半ばに医療では国民の1／3、年金では国民の2／3が未加入者であったが、そのほとんどが、中小零細企業の労働者や農民等の自営業者であったのである (横山・田多編 1991：138、155)。まさに「経済の二重構造」問題と重なるが、そこで、その未加入者問題を解決するために、医療に関しては、「国民皆保険4カ年計画」(1956年) によって、国民健康保険法の改正がすすめられ、強制設立・強制加入となり、年金に関しても、「社会保障5カ年計画」(1955年) が打ち出され、国民年金制度が導入されることとなった。当時、完全雇用政策とともに中小企業・自営業保護政策を推進し、そこにおける雇用を守ろうとするかぎり、職域保険から排除されるそれらの零細企業の労働者や自営業者・家族従事者をカバーするための地域保険としての国民健康保険や国民年金を整備せざるをえなかったのであ

る。職域保険と地域保険を組み合わせた「混合型社会保険」による国民皆保険・皆年金体制の成立は、「経済の二重構造」問題への対応としての「全部就業政策」とセットとして生まれたといってよいであろう。

　以上のように、後発資本主義国に特有の「経済の二重構造」問題に対処するために、完全雇用政策と中小企業・農業保護政策からなる「全部就業政策」を推進し、それと対応するかたちで、職域保険と地域保険を組み合わせた「混合型社会保険」からなる国民皆保険・皆年金体制をつくりあげた。これは、たしかに他の先進国とは異なる歴史的条件から生まれた日本の福祉国家の特有の経験である。この後発資本主義国たる日本で成立した福祉国家を、「後発型」あるいは「後発国」として位置付けることができよう。

3　成立後の展開

　以上のように、1960年前後に成立した日本の福祉国家は、その後、1960・70年代には、1950年代半ばからはじまった高度経済成長を背景に、その政策・制度の拡充や調整が行われながら順調に拡大していった。1980年代になると、1970年代の二度のオイルショックをきっかけに先進諸国では共通して低成長・高失業時代に突入するが、日本ではその後もしばらく高成長・低失業の状況がつづいた。この間、戦後すぐから1960年前後にかけて形成された「全部就業政策」と「混合型社会保険」の枠組みは、細かい改革はあったものの、1980年代にも大きく変わらず維持されたといえる。その枠組みに亀裂が生じ日本の福祉国家に危機をもたらすようになったのは、1990年代後半以降である。ここでは本章の最後に、「全部就業政策」と「混合型社会保険」を維持してきた、おおよそ1990年代半ばまでの状況とそこにみられるいくつかの特徴から日本の福祉国家の全体像をまとめたあと、1990年代後半以降にみられる日本の福祉国家の危機を明らかにする。

「全部就業政策」と「混合型社会保険」の維持

　まず指摘しなければならないのは、雇用の拡大あるいは維持を狙った完全

雇用政策と中小企業・自営業保護政策とからなる「全部就業政策」がその後もつづき、またそれと合わせるかたちで、職域保険と地域保険からなる「混合型社会保険」も維持されたことである。

　もちろん、1960・70年代の高度経済成長を通じて、完全雇用政策の成果による産業構造の転換にともない、零細中小企業の労働者や自営業、農業従事者が急激に減少したことは事実である。それにしたがい、「混合型社会保険」からなる国民皆保険・皆年金体制においても、国民健康保険や国民年金の地域保険の被保険者や加入者は相対的に減少していた。

　しかしながら、「経済の二重構造」問題が完全に消えたわけではない。他の先進国に比べると、中小企業の従事者数の比重は依然として高く、また農業部門の自営業はたしかに減ったものの、非農業部門の自営業はむしろ増加していた（野村 1998：58-64）。このような状況のなかで、1970年代に入ってからも、小企業経営改善金融制度の導入（1973年）などによる中小企業金融の拡大、また大規模小売店舗法の制定（1973年）などによる非農業部門の自営業に対する保護政策がすすめられつづけてきた。完全雇用政策が雇用保障の主軸であったことはたしかであるが、それら零細中小企業や自営業に対する保護政策がなければ、1970年代以降にも3%を切る低い失業率にとどまることは困難であったともいわれる（宮本 2008：79）。いずれにせよ、その中小企業・自営業保護政策の推進に対応するかたちで、「混合型社会保険」による国民皆保険・皆年金体制に対しても、1970年代までには国庫負担の増額、そして1980年代には他の社会保険制度とのあいだの財政調整によって、国民年金や国民健康保険の被保険者の減少による財政問題に対処しつつ、その体制は守られてきた。

社会手当・社会サービスの抑制

　次に、以上のように「全部就業政策」の持続によって「混合型社会保険」が守られるなか、他方で、年金と医療以外の社会保障制度においては、支出の拡大や制度の拡充が抑制されてきたことを指摘しなければならない。

　日本における社会保障支出の低さは、福祉国家の国際比較のなかで、もっとも多く指摘される特徴の1つである。それは、各制度の給付水準が低かった福祉国家の成立期だけでなく、その給付水準の引き上げを含む制度拡大

が行われたあとの1960・70年代以降にも同様であった。1990年代までも一貫して先進諸国のなかでは最低の水準であったことはよく知られている。「全部就業政策」の成果といえる長期間にわたる低失業の実現が、その社会保障支出の抑制に及ぼした影響は非常に大きい（田多2009：184-185）。

しかしながら、その低失業、いいかえれば雇用の安定が男性だけにかぎられたならば、その社会保障支出の抑制への効果は限定されただろう。たしかに日本では、その安定した雇用が、男性稼ぎ主モデルと結合したことで、「男性の貧困や失業を予防するだけでなく、女性の貧困や失業を予防」し、さらにそれが「無償の家事労働を安定的に供給することにもつなが」ることになり（武川2007：128）、その結果、単に雇用保険や生活保護などの失業・貧困に関連する給付にかぎらず、家族やケアに関連する給付を抑制する重要な要因を提供した。実際、表3-1から機能別社会保障給付費国際比較をみると、日本は「失業」「公的扶助」とともに「障害」「家族」「住宅」が他国に比べて明らかに低いことがわかる（年金と医療はたしかに高い）。このうち、前者の「失業」「公的扶助」の低さは、低失業を反映するもので、制度自体の未整備や給付水準の不十分さを意味するものではない。しかし後者の「障害」「家族」「住宅」の低さは、男性稼ぎ主モデルのなかで、それらとかかわるサービスの提供が家族（男性稼ぎ主の生活賃金）に任されてきたことによる制度の未（微）整備の結果といえる。

日本は長らく、福祉国家の国際比較のなかで典型的な男性稼ぎ主モデルと

〈表3-1〉機能別社会保障給付費の対国民所得比の国際比較（1996年）

（単位：％、（　）は構成比）

	高齢	遺族	障害	労働災害	保健医療	家族	失業	住宅	公的扶助	給付費合計
日　　本	7.40 (42.6)	1.39 (8.0)	0.44 (2.5)	0.27 (1.6)	6.43 (37.0)	0.49 (2.8)	0.56 (3.2)	0.03 (0.2)	0.36 (2.1)	17.38 (100.0)
ド イ ツ	11.39 (30.2)	3.68 (9.8)	2.08 (5.5)	0.61 (1.6)	11.12 (29.5)	3.4 (9.0)	3.36 (8.9)	0.23 (0.6)	1.82 (4.8)	37.68 (100.0)
スウェーデン	16.71 (36.4)	1.15 (2.5)	5.48 (12.0)		10.08 (22.0)	4.83 (10.5)	4.7 (10.3)	1.45 (3.2)	1.44 (3.2)	45.85 (100.0)

出所：武川（2007：127）から再構成

位置づけられてきた（大沢 1993；2007）。「全部就業」という視点からすれば、もちろんすべての雇用のあり方が男性稼ぎ主モデルであったとはいえない。家族総がかりで家計を維持する自営業では、男性稼ぎ主モデルが成立しにくいし、また中小企業の下層部分も同様である（野村 1998；89-90）。しかし全体からみた場合、高度経済成長を通じて、専業主婦のみならず家計補助型の「準専業主婦」（落合 2004）あるいは「主婦労働者」（上野 1990）といった状況を含めて、男性稼ぎ主モデルが主流となってきたことは事実である。このモデルのなかで、家族やケアとかかわる社会手当や社会サービスの拡充が抑制されたことは否めない。そしてそれが日本の社会保障支出の相対的低位に及ぼした影響は決して少なくない。

「二層体制」の社会保障制度体系

　最後に、以上のように、一方では「混合型社会保険」からなる国民皆保険・皆年金体制が維持されつつ、他方では社会手当や社会サービスなどの制度の拡充が抑制された結果、日本の社会保障制度は全体として、国民皆保険・皆年金体制と、最後のセーフティネットである生活保護という、「二層体制」ともいうべき制度体系が固着化することとなったことは注目に値する。[10]

　そもそも社会保障による所得の保障は、保険原理の制度と扶助原理の制度との結合から行われる。西欧諸国では多くの場合、前者の社会保険制度とともに、後者の扶助原理の制度としては、公的扶助だけでなく住宅や家族手当などの社会手当や各種社会サービスが整備され、多層の制度体系による所得保障が行われる。しかし日本では、上記のように男性稼ぎ主モデルのなかで、それらの制度整備は不十分にしか行われず、そこで国民皆保険・皆年金体制と生活保護制度からなる二層体制の制度構造が定着することとなった。第5章で詳しく論ずるが、その結果として、日本の生活保護は、それら社会手当や社会サービスの機能を含んだ多様な付加給付からなる包括的で体系的な制度構成をもつようになったことをここで指摘しておきたい。いずれにせよ、二層体制からなる社会保障の制度体系は、他の西欧諸国ではほとんどみられない日本の特徴である。

　以上から、戦後日本で成立し数十年間定着してきた福祉国家の全体的な構造を、「男性稼ぎ主モデルと結合した全部就業政策―混合型社会保険による

国民皆保険・皆年金体制－包括的で体系的な公的扶助」とまとめることができよう。

今日の危機

　以上のような構造からなる日本の福祉国家は、少なくとも 1980 年代までは非常に優秀な成績を上げていた。しかしながら、1990 年代初頭のバブル経済の崩壊後、その状況は少しずつ変わっていく。今日、日本の福祉国家は大きな危機に直面しているといわれるが、本章の最後に、その危機的状況をいくつかの側面から確認しておきたい。

　第 1 に、1990 年代後半以降、さまざまな規制緩和のなかで、これまでの「全部就業政策」が後退し、現状としての「全部就業」の状態も衰退することとなった。代表的には 2000 年に、いままで零細中小企業や自営業の保護・支援策として機能していた大規模小売店舗法が廃止された。これによって、実際、町の商店街は急速な空洞化がすすんでいる（野村 1998：167-169；宮本 2008：141-142）。零細中小企業や自営業のみではない。かつて完全雇用政策あるいは経済成長政策の展開のなかで、大企業の内部で定着してきた終身雇用や年功序列賃金また福利厚生など、いわゆる日本的雇用慣行が崩れつつ、安定的な雇用の正社員が急減している。その代わり、非正規労働者が急速に増加しており、現在は労働者の 1／3 をはるかに超える人々が非正規職労働者として働いている状況である。これらの非正規労働者は、以前から存在していたが、以前はあくまで男性稼ぎ主モデルのなかの被扶養者であるケースが多かった。しかし、近年の女性労働力率の急激な上昇が示しているように、そのモデルはすでに崩壊しつつあり、現在の非正規労働者は単なる被扶養者ではないことが多い。「全部就業政策」が後退し、男性稼ぎ主モデルも崩壊しているなか、零細中小企業の労働者も自営業者も、また非正規労働者も拠り所のない不安な生活におかれているのである。これが、男性稼ぎ主モデルと結合した「全部就業政策」の後退からみられる現状である。

　第 2 に、そもそも「混合型社会保険」からなる国民皆保険・皆年金体制は、「全部就業政策」の推進とセットとなって成立し維持してきたものである。「全部就業」が衰退すると、当然ながらこの体制も揺れ動いてしまう。「全部

就業」が崩れているにもかかわらず、国民皆保険・皆年金が以前の体制を維持していると、もはや「皆」保険・「皆」年金ではなくなるのである。現にその体制から排除されている者が年々増えているところである（みずほ銀行総合研究所 2006；2011；中川 2009 など）。

　第 3 に、けっきょく、かつての「全部就業政策」からも、また「混合型社会保険」からも排除されてしまった人々が、最後の拠り所として生活保護制度に頼ることとなっている。既述したように、日本の社会保障制度のなかで、生活保護制度以外に扶助原理の制度は極端に少ない。国民皆保険・皆年金体制から排除された人々には生活保護でしか対応できない構造であり、そのため、生活保護に過重な負荷がかかることになっている。実際、近年の政府発表で、生活保護の対象者や給付額が毎年過去最大を更新していることは周知の通りである。

　日本の福祉国家は、以上のような危機的な状況のなかで転換期を迎えているにちがいない。すでに今後の新しい体制構築に向けてのさまざまな改革議論が展開されており、いくつか実際の政策変化もみられている（野村 1997；日本住宅会議編 2008；埋橋・連合総合生活開発研究所編 2010；島田 2011；西澤 2011 など）。それらをみると、過去の「全部就業」の維持を求めるものもあれば、「混合型社会保険」からなる国民皆保険・皆年金体制の再構築を試みるものもあり、また「求職者支援制度」や「生活困窮者自立支援制度」などにみられるように、社会保険と公的扶助という「二層体制」の挟間を埋める方策もみられる。さまざまな議論があるものの、現在のところ、全体としての改革の明確な方向性はいまだにみえない。「後発国」としての日本が構築してきた福祉国家が、今後いかなる方向へ向かっていくかが、今後の重要な研究課題となるであろう。

注

(1) 当時の失業者の状況については、田多 (2009：58) を参照されたい。

(2) 一方、敗戦後の日本を統治していた連合国最高司令官総司令部 (General Headquarters、以下、GHQ) は、軍国主義の復活を阻止するために「非軍事化・民主化」政策を推進していたが、とくにその民主化政策の推進によって政治的混乱が広がっていた。労働組合法が制定され、それによって労働組合がつぎつぎと結成され、また治安維持法や国家保安法の廃止によって、共産党員をはじめとする政治犯が釈放され共産党は政治的活動を開始した。一般市民や労働者のあいだでは、本文中で述べたような戦後の生活困難のなかで「米よこせ」「職よこせ」などの大衆運動、生産管理闘争や2・1ゼネストなどの労働運動が激烈に展開され、政治的緊張とそれによる社会不安は度を超えていた。

(3) 後にみるように、代表的なものとしては、傾斜生産方式 (1947年)、経済自立5カ年計画 (1955年)、新長期経済計画 (1957年)、国民所得倍増計画 (1960年) などがあげられる。

(4) 後にみるように、代表的なものとしては、中小企業庁設立 (1947年)、農協共同組合 (1947年)、国民金融公庫 (1948年)、中小企業安定化法 (1952年)、農地法 (1952年)、中小企業金融公庫 (1953年)、下請代金支払遅延等防止法 (1956年)、百貨店法 (1956年)、商店街振興組合法 (1962年) などがあげられる。

(5) 戦前の日本では失業保険制度が存在しなかった。第1次大戦後から失業保険をめぐる議論がはじまり、その導入のための法案が国会に提出されたことはあるが、政府の消極的な態度と資本家団体の反対によって実現できなかった。その代わり、1936年に退職積立金及退職手当金制度がつくられ、大企業を中心に運営されていた (丸山ほか編 1959：71-73、佐口 1977：第6章；加瀬 1998；2011)。この退職金制度が、戦前において失業保険を一定程度代替していたともいわれる。

(6) 福祉国家成立期における社会保障制度の展開の詳細については、金成垣 (2014) で検討している。

(7) たとえば、R. Mishra (1999：18) は、「完全雇用が戦後の福祉国家の核心的な土台であったことは、論証の必要もないたしかな事実である。そしてそれは貧困を除外するためのベヴァリジ福祉改革の基本的な仮定の1つでもあった」と述べている。なお、戦後の福祉国家展開における完全雇用政策の特徴については、田多 (2010) や金成垣 (2012) を参照されたい。

(8) 『経済白書 昭和三二年版』を参考に、1950年代半ばの状況をみると、日本の家族従事者は就業者の30%で、イギリスの0.2%に比べれば、驚くべき高さを示している。そのため、

近代的な雇用関係にある就業者の割合は、イギリスの 90％、アメリカの 80％ に比べて、日本は 40％ 程度にすぎなかった。就業人口のうちに占める農業人口の割合をみても、日本は 38％ で、アメリカの 10％、イギリスの 4％ に比べて非常に高かった。ここで重要なのは、近代産業部門と前近代産業部門の就業者のあいだで、労働条件や賃金などで大きな格差が存在していたことである。たとえば、企業規模別の賃金格差をみると、大企業（1000 人以上）と小企業（10～30 人）のあいだにおける賃金の格差は 100：50 であり、さらに零細企業になると、100：40 まで広がる。諸外国では 100：90、格差が開いても 100：80 程度であった（経済企画庁編 1957：33-36）。

(9) 　医療保険について少し詳しく述べておきたい。日本の国民健康保険は、1922 年の被雇用者健康保険の導入を背景にし、1938 年にそれの対象にならない農民や自営業者層のために導入された制度である。最初は、任意設立・任意加入にし、戦後には任意設立・強制加入にするが、1950 年代にはいわゆる「経済の二重構造」問題があらわれ、1958 年の法改正によって全国民の加入が義務づけられるようになった。この地域保険としての国民健康保険の導入過程が、当時の産業・就業構造に深くかかわっていることは、広井（1999）の明晰な分析によってすでに明らかになっている。彼によれば、「当時の日本の場合、欧米の先発諸国に比べて圧倒的に第 1 次産業従事者が多く、この層を無視してはおよそ社会保険の制度が実質的に整備されたことにはならない状況にあった」（広井 1999：57）。広井が引用している当時の政策担当者の次のような回顧をみると、そのような状況がより明確になる。すなわち「欧米諸国の制度は何れも労働保険であって、日本のような自小作農の形態による小規模農業の国にとってはお手本にならないのでどうしても独自な方法を創作しなければならない」（広井 1999：57）という事情があったのである。その独自な制度が国民健康保険である。実際、日本では 1950 年代半ばまで 4 割を超える農民層が存在しており、このことから、広井（1999：59）の言葉通り、国民健康保険は「当時の日本の産業・就業構造が自ずと要請したもの」と解釈することができよう。なお、年金においても、最初 1941 年に労働者年金保険（1944 年に厚生年金保険）が導入され、1959 年には当時の二重構造問題を解決するために、農民や自営業者層を含む全国民を対象とする国民年金が新しく導入されたという経緯から、医療保険と同様の状況をうかがうことができる。

(10) 　ここから生まれる日本の生活保護の特徴として、社会手当や社会サービスの機能を含む包括的で体系的な制度構成という点をあげることができる。この点についても本書の第 5 章で詳しく取り上げたい。

(11) 　1979 年に日本の経済的成功とアメリカの失敗を比較した E. F. Vogel の著書 *Japan as number one: lessons for America* が出版されて以来、海外の多様な分野で日本モデルに関する研究が活発に行われるようになったことは、よく知られている。1970 年代以降にも持続した高い成長率と低い失業率、また高い社会的安定性と低い租税負担率等々、西欧とは異なる日本の社会経済的構造に関する研究が、各国の社会科学研究者のあいだで大きな関心の対象となっていた。日本国内でも、「一億総中流化」のなかで、大多数の国民が中流意識をもって豊かな社会を構成しているという意識が支配的であった。周知の通り、この時期、「貧困研究の

貧困」あるいは「貧困を忘れた日本」（岩田 2007：23）がいわれていた。

（12）1990年代後半になると、格差論・不平等論が登場しはじめ、その後、それをめぐる数多くの議論や論争が展開されるようになった。2000年代後半には、2008年のアメリカ発の経済危機を前後として「格差論から貧困論へ」（岩田 2007）がいわれ、貧困そのものが人々の関心を集めるようになった。2009年の政権交代によって新しく登場した民主党政権が、日本政府として数十年ぶりに公式的な貧困調査を実施したが、その結果、日本の相対的貧困率がOECD諸国のうちワースト4を記録していることが明らかになったこともあり、近年数多くの貧困研究が行われているのが現状である。

4章
日本との比較でみた
韓国の福祉国家

1　韓国における福祉国家の成立

アジア金融危機における福祉国家化

　韓国において福祉国家が成立したのは、他の先進国に比べて非常に遅い。1960年代半ばから経済開発政策による高度成長がつづくなか、失業・貧困問題が深刻な社会問題として顕在化したことがなく(1)、韓国政府もそれらへの対応を積極的に行うことはなかった。しかし「IMF危機」と呼ばれた1990年代末のアジア金融危機によって前例のない大量の失業者や貧困者が発生し、そこで政府もその対処をしなければならなくなった。これを期に韓国は福祉国家化に乗り出すこととなる。

　福祉国家の整備過程をみる前に、危機の状況を簡単にみておこう。アジア金融危機によって、GDPが1996年の5,183億ドルから1998年の3,130億ドルまで急落し、経済成長率でみると、同期間6.8%（1996年）から－6.7%へ（1998年）まで落ち込んだ。これは18年ぶりのマイナス成長であった。何より企業倒産や人員削減が失業者を急激に増大させ、それが貧困層の拡大の主な原因となったが、それとともに、労働市場のフレキシブル化を拡大させるために推進した整理解雇制や派遣勤労制（有期契約労働制）などのさまざまな規制撤廃政策が数多くの失業者を発生させ、韓国に類例のない大量失業

や貧困問題をもたらした。1998年以前、20万人程度であった失業者の数が178万人以上にも達し、失業率は3%前後であったのが8.6%まで増加した。深刻な問題は、経済危機による生活の困難が主に低所得階層に集中したことである。危機によって低所得階層であればあるほど所得の減少幅が大きくなり、1998年の場合、所得水準のもっとも高い階層（上位20%）の所得の減少は0.3%にすぎなかったのに対して、所得水準のもっとも低い階層（下位20%）のそれは17.2%に達した。当然の結果として、貧困者が大幅に増加し、都市勤労者世帯のジニ係数も大きく悪化した（1997年の0.28から1999年の0.32）。ホームレスの数が急増し、またそのなかで家族の解体や家族機能の弱体化がメディアを通じて報道され大きな社会問題となっていた。

　このような社会全般の危機に対して、政府は積極的に対処しなければならない状況におかれた。その出発点となったのが、アジア金融危機直後から実施された「総合失業対策」（1998〜2002年）である（労働部2002；ファン・スギョンほか2010）。たしかにそこには雇用保障と社会保障の両政策が含まれていた。

　雇用保障に関していえば、一方では失業した人々のために、公共勤労事業や創業支援、また企業への雇用支援金の支給などを行うことによって雇用の機会を提供し、他方で雇用されている人々のためには、解雇濫用の防止、労働組合の許容(3)、最低賃金の全企業適用(4)などによって雇用の安定化をはかった。危機の当時、毎日100以上の企業が倒産する状況が数ヵ月もつづき、生き残った企業でも激しいリストラがすすめられるなか、前者の雇用安定策や労働条件の確保策はうまくいかず、政府の財政投入によって直接的に雇用機会を提供する前者の諸政策がより大きな役割を果たしたといわれる（労働部2002：17-21）。いずれにせよ、これらさまざまな政策を通じてできるかぎり雇用を守ろうとしたが、それでも雇用の場が提供されない人々やそれらの雇用でも生活が維持できない人々が存在し、彼（女）らのためには社会保障政策による支えが必要であった。

　その社会保障においては当初、雇用保険と公的扶助の改革が課題となっていた。雇用保険に関していえば、それまで従業員30人以上の企業のみを対象としていた制度を改革して、すべての企業をカバーすることとなった。公的扶助においては、高齢者や子どもなど労働無能力者のみを対象としていた

既存の生活保護を廃止し、新しい制度として、労働能力をもった者をもその対象とする国民基礎生活保障を創設した。これにより、短期失業者は雇用保険で救済し、長期失業者と貧困者は公的扶助で救済するという社会保障制度の基本的な仕組みがつくられた。さらに、雇用保険や公的扶助の改革が行われるなか、「総合失業対策」の枠外ではあったが、それらの改革との関連で「第1次社会保障長期発展計画」が打ち出され、年金や医療を含む社会保障制度の全体的な改革が急速にすすみ、国民皆保険・皆年金体制の成立に至った。[5]

福祉国家の成立

　アジア金融危機をきっかけとして展開された以上の一連の政策のうち、雇用保険と公的扶助の改革また国民皆保険・皆年金体制の実現は、以前にはみられなかった社会保障制度の体系的整備であったという点で、韓国における福祉国家の成立を示す重要な指標の1つといえる。しかしその一方で、当時行われた雇用保障政策、なかでも公共勤労事業や創業支援また企業への雇用支援金の支給などの政策は、危機克服のための応急的措置といった側面が強かった。たしかに「IMF早期卒業」がいわれた2000年代初頭になると、韓国は早いスピードで危機から抜け出し、それらの政策も徐々に縮小されていく。[6]

　ところがその後、2000年代前半以降になると、経済のグローバル化による国際競争の深化とそれに対応するかたちでの労働市場の柔軟化や企業の構造調整が激しくすすめられ、韓国の雇用情勢は悪化一辺倒となっていた。そこで政府はその問題に対処するために、「中期雇用政策基本計画」（2003年）、「雇用創出総合対策」（2004年）、「国家雇用戦略」（2006年）、「経済難局克服総合対策」（2008年）、「国家雇用戦略2020」（2010年）等々、各種の対策・戦略を次々と打ち出し、雇用の創出と拡大また安定をはかるさまざまな政策を推進するようになった。[7]

　それらの政策をみると、中長期計画にもとづく経済成長政策によって、より積極的に雇用の場を拡大しようとするものであるという点で、危機のさいの短期的な失業対策事業とは区別される。また以上の諸対策・戦略のなかに、雇用の創出と拡大が一貫して最重要政策目標としてあげられているのも注目

に値する。というのは、韓国ではじめてあらわれたといえるそのような政策目標は、先進諸国における福祉国家成立期に共通にみられた「雇用維持拡大思想」(馬場 1997：225) と同種のものと解釈できるからである。この意味において、ここにきて雇用保障に関しても、社会保障制度の体系的整備と同様に、韓国における福祉国家の成立を示す指標となったといえよう。

いずれにせよ、ここで強調したいのは、これまでみてきたように、1990年代末から2000年代にかけて、一方では、雇用の創出・拡大また安定をはかる雇用保障政策を推進し、他方では、社会保険や公的扶助などの社会保障制度を整備することによって、韓国が福祉国家への道に入ったことである。この時期に韓国で福祉国家が成立したのである。

2　雇用保障と社会保障の特徴とその要因

雇用保障と社会保障の両政策の整備は、福祉国家各国に共通の側面であるが、以上のように成立した韓国の福祉国家からは、他の国と異なる重要な特徴を見出すことができる。ここでは主に、第3章で考察した福祉国家成立期における日本の経験と比較しながら、韓国の特徴を浮き彫りにし、日韓の類似と相違、またそれをもたらした要因を明らかにしたい。

(1)「全部就業政策」vs.「全部雇用政策」

第3章で詳しく述べているように、日本では終戦直後から1960年代初頭にかけて福祉国家を整備していくが、そこにみられた雇用保障政策の核心は、「全部就業政策」であった。それは、高生産性部門とくに重化学工業を中心とした製造業の分野において経済の成長とともに雇用の拡大をはかる、いわゆる完全雇用政策と、農業等の自営業や家族経営等の零細中小企業といった生産性の低い従来の産業部門に対する保護政策、つまり中小企業・自営業保護政策からなる。前者の完全雇用政策が、西欧諸国の福祉国家成立期に一般的にみられたものであれば、日本ではその完全雇用政策だけでは十

分な雇用が確保できず、後者の中小企業・自営業保護政策も積極的に行われそれを補っていた。この完全雇用政策と中小企業・自営業保護政策からなる「全部就業政策」が、西欧諸国と区別される日本特有の雇用保障政策であったのである。

　これに対して韓国はどうか(8)。さまざまな雇用保障政策が現在進行中で、その特徴を明確に規定することは難しいが、少なくとも日本の「全部就業政策」と大きく異なっていることは明らかである。まず、完全雇用政策とのかかわりでいえば、経済成長とともに雇用創出・拡大のために高生産性部門における産業の育成や支援政策が行われてはいるが、それは、日本の経験と違って、重化学工業の分野ではなくITやハイテク産業の分野が中心となっている。ただし現状として、「雇用なき成長」という言葉に示されるように、資本・技術集約的なその分野での雇用創出効果は非常に低い。そこで次に、日本の中小企業・自営業保護政策のように、完全雇用政策を補うような政策が行われているが、それもまた日本の経験とは異なる。つまり、前近代的な産業分野における零細中小企業や農業等自営業の保護政策ではなく、新しいサービス産業なかでも保育・育児や教育、看病などの社会サービス分野において、その主な担い手となる社会的企業のようなサードセクターを育成・支援するかたちで雇用創出・拡大政策が展開されているのである。

　以上のような雇用保障政策にみられる日韓の違いを鮮明にするために、ここで若干の概念整理を行いたい。第3章で、福祉国家の成立期における日本の雇用保障政策を、西欧諸国の完全雇用政策と区別して「全部就業政策」と称した。そもそも「全部雇用政策」と呼ばれていたものであるが、同政策のうち、中小企業・自営業保護政策の主な対象となっていたのが、雇用関係のない農業等の自営業や家族経営等の零細中小企業であったことから、「雇用」よりは「就業」という概念が相応しいと判断されたからである。このような日本の雇用保障政策の中身に対比してみると、上記の韓国にみられる、社会的企業のようなサードセクターでの働き方が「雇用」という概念に近いと思われる。この意味において、西欧諸国の完全雇用政策と区別される日本の雇用保障政策を「全部就業政策」とするならば、それと区別される韓国の雇用保障政策を「全部雇用政策」と呼ぶことにしたい。ちなみに、後に再論するが、この韓国の「全部雇用政策」は、現状として「短期間・非熟練・低

賃金」といった不安定な雇用を生み出すことが多く、この点からして完全雇用政策とも明らかに異なっていることを指摘しておきたい。

(2)「混合型社会保険」vs.「単一型社会保険」

　福祉国家成立期における日本の社会保障政策の核心要素は、第3章で詳しく述べているように、一言でいうと、職域保険と地域保険を組み合わせた「混合型社会保険」による国民皆保険・皆年金体制である。繰り返すことになるが、そもそも社会保険の源流といえば、ドイツに典型的にみられる企業や職業をベースにした職域保険と、北欧に典型的にみられる地域をベースにした地域保険がある。日本の国民皆保険・皆年金体制はドイツ型と北欧型の折衷あるいは混合になるが、そのようなかたちで国民皆保険・皆年金体制を実現させた国はほとんどみられない。北欧諸国では、地域保険が発展したかたちで、税方式にもとづく統一的な制度によって全国民をカバーしているし、大陸ヨーロッパの多くの国では、職域保険が基本となっていて、必ずしも全国民を強制的に加入させてはいない。これに対して日本では、両方式を組み合わせた「混合型社会保険」によってすべての国民を強制的に加入させるという特殊な体制をとったのである。

　このような日本の制度体系に照らしてみた場合、韓国の社会保障制度はどうか。アジア金融危機による大量失業・貧困問題に対応するためにさまざまな制度改革が展開されるなか、韓国でも国民皆保険・皆年金体制が成立し、日本と同様、それが社会保障制度の核心として位置づけられるようになった。しかし韓国の国民皆保険・皆年金体制の中身は、日本のそれとまったく異なる制度体系から構成されている。すなわち、日本の国民皆保険・皆年金体制の場合、医療では健康保険と国民健康保険、年金では厚生年金と国民年金のように職域保険と地域保険の組み合わせからなっているが、韓国ではむしろその両制度を一元化したかたちで、単一の制度によってすべての国民をカバーすることとなっている。医療においては国民健康保険、年金においては国民年金がそれである。

　要するに、日本の社会保障制度の核心である国民皆保険・皆年金体制は、職域保険と地域保険の「混合型社会保険」によって構成されているのに対し

て、韓国の場合は、いうなれば「単一型社会保険」によって構成されているという点に、日韓の重要な違いを見出すことができる。ちなみに、韓国の「単一型社会保険」は、医療においても年金においても、北欧諸国にみられるような、税方式にもとづいて全国民をカバーする国民保険あるいは国民保険サービスなどとは異なり、保険方式によって運営されており、この意味において職域保険の性格を強く有しているといえる。

（3）「工業化時代の福祉国家成立」vs.「サービス化時代の福祉国家成立」

福祉国家成立のタイムラグ

　以上をまとめると、福祉国家の両軸をなす雇用保障と社会保障に関して、日本においては「全部就業政策」と「混合型社会保険」、韓国においては「全部雇用政策」と「単一型社会保険」を、その成立期における主な特徴として指摘することができる。ここで注目したいのは、日韓にみられるこのような違いをいかに説明するかという点である。

　日本で「全部就業政策」と「混合型社会保険」からなる福祉国家を整備するようになった背景には、第3章の考察通り、後発資本主義国固有の状況があった。すなわち、戦後の福祉国家成立期において日本では、先進国で発達した技術や機械設備を導入・移植するかたちで資本主義の発展がすすめられていた。その過程で、重化学工業を中心とした近代産業は急速な成長ができたものの、他方で、その部門に必要な労働力は相対的に少なくすみ、それゆえ、農業や零細中小企業など前近代的な従来の産業部門に多くの過剰人口が残されていた。「経済の二重構造」問題ともいわれていた後発資本主義国固有の状況である。

　このような状況のもとで当時、雇用保障政策についていえば、重化学工業を中心とした高生産性の近代産業部門で雇用の創出と拡大をはかる完全雇用政策だけでは十分な雇用が生まれないとされ、それとともに、従来からの零細中小企業や農業等の自営業など生産性の低い前近代的な産業部門に対する保護政策、つまり中小企業・自営業保護政策が積極的に推進されることとなった。さらに、この「全部就業政策」の推進によって、近代産業部門にお

ける雇用のみならず、従来の産業部門における、雇用関係のないあるいは弱い就業状態をも守ろうとするかぎり、それに対する社会保障制度の整備は、当然ながら職域保険だけでは不十分であった。職域保険から排除される農業等の自営業者や家族経営等の零細中小企業の家族従事者などをカバーするための地域保険を整備せざるをえず、そこで職域保険と地域保険からなる「混合型社会保険」の導入によって国民皆保険・皆年金体制を実現させることとなった。

このようにして日本では、雇用保障政策としての「全部就業政策」と、そのセットとして社会保障政策としての「混合型社会保険」が整備され、それらを両軸とする福祉国家が成立したのである。この後発資本主義国たる日本で成立した福祉国家を、「後発型」あるいは「後発国」として位置づけることができよう。

韓国が日本と同じく後発資本主義国であることはいうまでもない。日本が経験した「経済の二重構造」問題も、後発資本主義国である以上、韓国についても同様のことがいえる。この意味において、韓国の福祉国家も「後発国」として捉えることができるが、しかし前節でみてきたように、成立期における日韓の福祉国家のあり方は大きく異なっていた。その要因を考えるさいに注目しなければならないのが、同じ後発資本主義国でありながらも、両国にみられる福祉国家成立のタイムラグである。すなわち、日本では20世紀半ばの農業社会から工業社会への移行期に福祉国家が成立したのに対して、韓国では、20世紀末21世紀初頭の、いうなれば工業社会から脱工業社会への移行期に福祉国家が成立している。このタイムラグが、同じ「後発国」とはいえ、日本と異なる特徴をもった韓国の福祉国家をつくりあげることとなったといえる。その状況をもう少し具体的にみてみよう。

「全部雇用政策」の展開

まず雇用保障政策についてみてみよう。当時韓国政府は、さまざまな政策を展開するにあたり、工業社会から脱工業社会への移行期の状況を強く認識し、それに合わせて、雇用の創出と拡大の場を、農業でもなく製造業でもなく、新しいサービス産業分野に求めていた。その政策的方向性が最初にはっきりみえてきたのが、2004年の「雇用創出総合対策」であった。

同対策についての政府の報告書をみると、対策の樹立にあたって、「製造業や農業における雇用の需要は著しく減少し、他方で、サービス産業における雇用の需要が増加している」という現状認識、そして今後も「サービス産業が主導する雇用創出構造が持続していく」という将来展望を示していた。そこで、「既存基軸産業の競争力強化によって製造業における雇用を維持しながら、サービス産業における雇用を最大限創出する」という政策目標が出されている（関係部処合同 2004）。製造業分野における雇用の状況についての当時の認識をみると、同報告書のみならず、政府機関の経済・労働関係の各種白書や研究機関の調査・研究報告書のなかで、経済のグローバル化やサービス化の進展にしたがい、国内における重化学工業を中心とした製造業の衰退と資本・技術集約的なITやハイテク産業への偏重による雇用の著しい減少が懸念されていた（ジョン・ビョンユほか 2005a；2005b；ホ・ジェジュンほか 2007）。「雇用なき成長」ともいわれる状況であるが、このような状況のなかで、基幹産業ともいえる重化学工業でもITやハイテク産業でも十分な雇用の拡大が期待できず、それを補うかたちで新しいサービス産業分野において雇用の創出と拡大をはかることとなったのである。こうして、韓国では、日本の「全部就業政策」とは異なり、「全部雇用政策」が展開されるようになったのである。

　ちなみに、韓国の「全部雇用政策」のなかで、サービス産業分野における雇用創出・拡大政策が、とくに社会サービス分野で行われたことを指摘しておきたい。当時、「雇用創出総合対策」のなかには、「200万の雇用創出」という具体的な数値目標も提示され、この目標の達成に向けて、その後さまざまな政策や事業が展開されていったが、そのなかで、「現代社会は急速な高齢化および女性の経済活動参加によって、教育・看病、保育・託児などのサービスに対する需要が急増しており、このような社会サービス分野は、製造業より雇用吸収力がはるかに高い」（労働部 2004：141）とされ、サービス産業のなかでも社会サービス分野における雇用創出・拡大政策が展開された。実際、2004年ごろから、社会サービスを提供する非営利団体の人件費や事務・運営費に対する財政支援を通じて、そこにおける雇用拡大をはかる「社会的雇用」事業が展開され、2007年には、それをさらに積極的に展開するための「社会的企業育成法」の制定によって、社会的企業が雇用創出・

拡大政策の重要な担い手となる。2010 年には、社会的企業の育成・支援政策を重要課題の１つとする「国家雇用戦略 2020」が発表され、今日に至るまで、その社会的企業に対する各種の支援・育成政策とともに、そこでの雇用の創出と拡大をめざす政策が活発に展開されてきている。このようにみると、社会サービス分野における雇用創出・拡大政策を「全部雇用政策」の核心政策の１つとしてあげることができよう。

「単一型社会保険」の展開

次に、このような雇用保障政策の展開状況を前提に、社会保障政策についてみると、福祉国家成立期において韓国では、日本のように、農業等の自営業者や零細中小企業の家族従事者などを対象とする地域保険が必要とされなかったことが容易に伺える。すなわち、日本の場合、完全雇用政策と中小企業・自営業保護政策からなる「全部就業政策」とセットとなって、職域保険と地域保険からなる「混合型社会保険」が生まれたとすれば、韓国では、上記のような「全部雇用政策」の展開の状況のなかで、地域保険に対しては大きな役割が期待できず、むしろ職域保険の性格を有した一元化した制度を導入し、その「単一型社会保険」を基軸にした国民皆保険・皆年金体制を構築することがより合理的な選択であったといえる。

たしかに韓国で国民皆保険・皆年金体制が実現された 2000 年前後の時期における産業・就業構造をみると、農業就業者の割合は１割を切っており、製造業の割合も減り始め、サービス業の比重が急激に高まってきた時期であった。(9) まさに「全部雇用政策」の展開にあたり、「製造業や農業における雇用の需要は著しく減少し、他方で、サービス産業における雇用の需要が増加している」といった政府の現状認識と一致する。1960 年前後に日本で国民皆保険・皆年金体制を構築するさいに、前近代的な零細中小企業の労働者や農業等の自営業者への制度適用が重大な課題であったとすれば、韓国ではそのような課題は存在しなかったことになる。当時日本で「全部就業政策」によって、中小企業・自営業保護政策を推進して、そこにおける雇用を守ろうとするかぎり、職域保険から排除されるそれらの人々をカバーするための地域保険を整備せざるをえなかったとすれば、韓国では、上記の「全部雇用政策」によって、サービス分野における雇用の創出と拡大をはかっていく状

況のなかで、地域保険の必要性はなくなり、むしろ職域保険の性格の強い単一制度を整備することが求められるようになったのである。

実際、医療に関していえば、当初日本と似たようなたちで職域保険と地域保険からなる制度体系をもっていたが、国民皆保険・皆年金体制の構築の段階で、両制度を統合する改革が断行され、国民健康保険という単一の制度からなる皆保険が実現された。医療より導入が遅れた年金においては、最初から国民年金という単一の制度ですべての国民をカバーするという考え方から制度導入と拡大がすすめられ、やがて皆年金が実現された。

近年日本で、サービス化にともなう産業・就業構造の変化を背景にして、分立されている社会保険の現状が問題視されその統合が課題とされているが、1990年代末以降に、韓国でも同様の状況のなかで制度の一元化が重要な課題として登場してきた。そこで、日本に比べ制度の経過年数が短く、その分、改革の実現が容易であったこともあって、韓国では全国民を包括する単一制度を構築することができたといえる。このようにして福祉国家の成立期に韓国では、日本の「混合型社会保険」とは異なり、「単一型社会保険」を核心とする社会保障制度が生まれたのである。

以上を簡単にまとめると、日本と韓国では、同じ後発資本主義国でありながら、工業化時代に福祉国家の成立を経験した日本、サービス化時代に福祉国家の成立を経験した韓国という、福祉国家成立のタイミングの相違に起因した諸環境的要因によって、それぞれ異なる雇用保障政策（日本は「全部就業政策」、韓国は「全部雇用政策」）と社会保障政策（日本は「混合型社会保険」、韓国は「単一型社会保険」）が生まれ、それぞれを両軸にした福祉国家ができあがったということができる。

3　成立後の展開

以上のように、1990年代末から2000年代を通じて成立した韓国の福祉国家は、その後順調にすすんでいたかというと、必ずしもそうとはいえない。もちろん成立後間もない現在の時点（2015年12月）で、その成果につ

いての正確な評価は難しい。ただし、成立過程のなかですでにさまざまな問題があらわれ、韓国社会が非常に不安定化してしまっているのは事実である。その不安な現状についての詳しい分析は別稿にゆだねたい。ここでは、第3章で検討した成立後における日本の福祉国家の展開と対比しながら、2000年代後半以降における韓国の福祉国家の状況を概観しつつ、そこで浮き彫りになるいくつかの重要な特徴を指摘したい。

「全部雇用政策」の展開と「単一型社会保険」の機能不全

まず指摘しなければならないのが、「全部雇用政策」がもたらした雇用の不安定化とそれによる「単一型社会保険」の機能不全である。これは、日本で福祉国家成立後の1960・70年代において「全部就業政策」の持続によって全般的な雇用情勢が安定化し、そのなかで、その「混合型社会保険」が守られてきたこととは異なる状況といえる。

韓国の「全部雇用政策」、なかでも社会サービス産業分野における雇用創出・拡大政策をみると、サービス産業では大幅な生産性向上が見込めないがゆえに、賃金が抑制されなければ雇用の拡大が実現されないというサービス化社会における雇用のあり方を反映して（Iversen and Wren 1998）、工業化時代の完全雇用政策とは異なり、「長期間・高賃金・熟練労働」という安定した正規労働ではなく「短期間・低賃金・非熟練労働」という不安定な非正規労働を生み出すことが多い。実際、2000年代後半に政府の政策によって生まれた雇用の多くが、「1年未満の短期雇用・100万ウォン未満（＝10万円弱）の低い賃金・スキルを要さない単純労働や雑務」であり（金成垣 2011b）、そのため、仕事の満足度も非常に低いという調査結果も出ている（国家予算政策処 2010）。この経験をふまえて政府が新しく出した「国家雇用戦略2020」（2010年）や「就業率70％戦略」（2013年）なども、その具体的な内容に対して、「全国民を非正規化するつもりなのか」（キム・ユソン 2010；ユ・ギョンジュン 2011；全国民主労働組合総連盟 2010；2011ほか）といった強い批判を浴びている。けっきょく政府の積極的な政策推進にもかかわらず、雇用情勢は改善されず、むしろ悪化一辺倒となっているのが現状といえる。

となると、社会保障政策とくに職域保険の性格の強い「単一型社会保険」

という仕組みからなる国民皆保険・皆年金体制がうまく機能する基盤を失っていることになる。たとえば、年金を例にあげると、その仕組みのなかで、年金加入者の加入期間の短さや所得水準の低さによる深刻な「無年金・低年金」問題が生じている（金成垣 2011d）。その加入期間の短さや所得水準の低さの背後に、「短期間・低賃金・非熟練労働」といった不安定な雇用が増加している今日の雇用情勢があることはいうまでもない。拠出原則にもとづく保険方式を基盤とした職域保険を運営しているかぎり、その不安定な雇用の増加による「無年金・低年金」問題は避けられない。実際「無年金・低年金」問題の将来展望についてのいくつかの研究によれば、現在の雇用情勢を前提と考えた場合、今後も年金受給者全体の平均給付額が最低生活費をはるかに下回る金額になることはたしかであり（カン・ソンホほか 2010：174－177；キム・ヨンミョン 2010）、しかも、2050年頃に高齢者の約37％が、年金の最低加入期間である10年を満たせず、無年金者になるという推計もある（イ・ヨンハ 2009：7）。年金だけでなく、医療保険や雇用保険などにおいても似たような状況がみられている。

　要するに、「全部雇用政策」なかでも社会サービス分野を中心とした雇用創出・拡大政策の展開によってあらわれている雇用情勢の不安定化のなかで、職域保険の性格の強い「単一型社会保険」からなる国民皆保険・皆年金体制がうまく機能しなくなっているのである。

社会手当・社会サービスの整備の動き

　次に、成立後における福祉国家の展開について、第3章で検討した日本の経験と比較するさいに、もう1つ重要なポイントとして浮かび上がるのが、家族やケア関係の社会手当・社会サービスの動きである。

　第3章の考察通り、日本では、成立後における福祉国家の展開のなかで、国民皆保険・皆年金以外の社会保障制度、とくに家族やケア関係の社会手当・社会サービスが強く抑制されてきた。そこには、男性稼ぎ主モデルが定着し、家庭内における女性の無償労働の存在がそれらの制度の抑制をもたらした経緯がある。韓国の場合、周知の通り、日本より鮮明なM字型の女性の就労パターンを示しており、その意味において、強固な男性稼ぎ主モデルと位置づけることができる。実際、その強固な男性稼ぎ主モデルを前提とし

た制度展開のなかで、韓国は日本と同様、家族やケア関係の社会手当・社会サービスが抑制されており、それとかかわってまた日本と同様、社会保障支出において相対的低位がみられているのも事実である。**表4-1**は2010年の時点における主要国の社会支出の内訳を示しているが、それをみると、そのような状況がはっきりみてとれる。

ただしその一方で、以上のような状況に注目すべき変化がみられつつあることにも注目すべきである。そこには何より、上記の「単一型社会保険」が機能不全に陥っている状況が深くかかわっている。というのは、雇用情勢が

〈表4-1〉政策別社会支出の内訳

(OECD基準、2005年、対GDP比、( )内は構成割合)

	イギリス	アメリカ	ドイツ	スウェーデン	日本	韓国	OECD平均
高齢	6.1 (28.6)	5.3 (33.3)	11.2 (41.9)	9.6 (32.7)	8.6 (46.2)	1.5 (21.7)	7.0 (34.0)
遺族	0.2 (0.9)	0.8 (5.0)	0.4 (1.5)	0.6 (2.0)	1.3 (7.0)	0.2 (2.9)	0.7 (3.3)
障害、業務災害、傷病	2.4 (11.3)	1.3 (8.2)	1.9 (7.1)	5.6 (19.0)	0.7 (3.8)	0.6 (8.7)	2.3 (11.2)
保健	7.0 (32.9)	7.0 (44.0)	7.7 (28.8)	6.8 (23.1)	6.3 (33.9)	3.2 (46.4)	6.2 (30.1)
家族	3.2 (15.0)	0.6 (3.8)	2.2 (8.2)	3.2 (10.9)	0.8 (4.3)	0.3 (4.3)	2.0 (9.7)
積極的労働政策	0.5 (2.3)	0.1 (0.6)	1.0 (3.7)	1.3 (4.4)	0.3 (1.6)	0.1 (1.4)	0.6 (2.9)
失業	0.3 (1.4)	0.3 (1.9)	1.7 (6.4)	0.3 (1.0)	0.3 (1.6)	0.2 (2.9)	─
住宅	1.4 (6.6)	─	0.6 (2.2)	0.5 (1.7)	─	─	─
公的扶助その他	0.2 (0.9)	0.6 (3.8)	0.2 (0.7)	0.6 (2.0)	0.3 (1.6)	0.7 (10.1)	0.7 (3.3)
計	21.3 (100.0)	15.9 (100.0)	26.7 (100.0)	29.4 (100.0)	18.6 (100.0)	6.9 (100.0)	20.6 (100.0)

出所:OECD social expenditure database(http://stats.oecd.org/Index.aspx)

不安定化するなかで、職域保険の性格の強い「単一型社会保険」からなる国民皆保険・皆年金体制が適切に機能せず、国民生活を保障するための別の制度を求めることになったからである。たしかに、2008年に新しく導入した税方式の基礎老齢年金（2014年から基礎年金）は、保険方式による制度運営の困難さを反映するものであった。この基礎老齢年金だけでなく近年、職域保険の性格の強い「単一型社会保険」の枠外で、勤労奨励税制（「韓国型EITC」）などの新しい失業・貧困対策また多様な保育・育児関連給付やサービスの展開によって、これまでの社会手当・社会サービスの抑制の状況に大きな変化をもたらしつつある。ただし、それらの制度は定着しているとはいえず、導入・変更・廃止を繰り返しているのが現状といえる。

「二層体制」の社会保障制度体系からの転換？

　最後に、福祉国家の諸政策のなかで、最後のセーフティネットといわれる公的扶助についても言及しておこう。

　そもそも韓国の公的扶助である国民基礎生活保障（1999年法制定、2000年施行）は、多様な付加給付を含む包括的で体系的な制度構成をもっている点で、日本の生活保護と類似したものとして導入された。そのなかで当初、福祉国家成立期における日本と同様に、社会保障制度は全体として社会保険と公的扶助からなる「二層体制」という制度体系をとっていた。

　しかしながら近年、上でみたような「単一型社会保険」がうまく機能できない状況のなかで、そこから排除される人々が増え、それが国民基礎生活保障に過重な負荷をかけることとなっている（金成垣 2013c）。正確には、その国民基礎生活保障からも排除されてしまい、両制度の挟間で生活困難に陥っている人が急増しているのが大きな社会問題となっている。この問題をめぐってさまざまな改革議論が行われているが、それをみると、一方では、社会保険に関して、非正規労働者などへの適用などその対象範囲をさらに拡大することを主張する議論もあれば、公的扶助に関しては、国民基礎生活保障における厳しい受給基準（主に扶養義務者基準）の緩和あるいはその撤廃を主張する議論がある。これらは、いいかえれば、「二層体制」を維持する方向での改革議論である。しかし他方で、そのような改革だけではどうしても問題が解決されない状況があらわれており、そのため、社会保険と公的扶

助のあいだに失業扶助や社会手当などの新しい制度の導入必要性が主張されている。上記の基礎老齢年金や勤労奨励税制、保育・育児関連給付やサービスの動きにそれがあらわれている。公的扶助としての国民基礎生活保障に関していえば、そこにおける多様な付加給付を、いわゆる「統合給付」から「個別給付」へ転換し、ましてやそれを社会手当化していくことを主張する議論もある。これは、どちらかといえば、「二層体制」から「三層体制」への転換を求める方向性が強いといってよい。ちなみに2000年代後半は、前者つまり「二層体制」の維持の議論が強かったが、2010年代前半に入ると、後者つまり「二層体制」から「三層体制」への転換の議論が強くなっている。

今後の展望

　これまでみてきたように、成立後における韓国の福祉国家はまだ改革の進行中であり、その方向性も定かではない。サービス化時代に「全部雇用政策」と「単一型社会保険」を両軸にして成立した韓国の福祉国家が、以上のような制度の動きによって、いかなる方向へと変わっていくのか、あるいは変わらないのか、そしてその帰結はどうなるのかは、同時代的に今日大きな転換期を迎えている日本の福祉国家、具体的にいえば、「全部就業政策」と「混合型社会保険」からなる日本の福祉国家の改革に対しても示唆するところが大きいにちがいない。

注

(1) もちろん、この時期に失業・貧困問題が発生していなかったわけではない。たとえば、イ・ヘギョン(李恵炅)(2006:49-51)は、1970年代の高度経済成長期を「重化学工業化と不平等の拡大」の時期と特徴づけている。ただし、軍事独裁政権の抑圧的な統治によって、失業・貧困問題が水面下でとどまっていたといえる。1980年代以降、しばらく同様の状況がつづいていた。

(2) アジア金融危機のさいに、この創業支援はもっとも重要な政策の1つであった。なかでもIT産業などの知識基盤産業を中心とした「ベンチャー企業育成」や自営業を中心とした「小工商人創業支援」が非常に活発に行われていた。これらの政策による雇用創出効果も非常に大きかったが、しかし2000年初頭になると、「ベンチャー・バブル崩壊」や「自営業の過剰」といった状況のなかで、これら創業支援政策についての批判が高まり、政策の焦点が、「創業支援から経営安定へ」と変わっていった(ファン・スギョンほか2010:157)。

(3) 関連する主要法律としては、1998年の経済危機克服のための社会協約(公務員・教員の団結権の容認、労働組合の政治活動の保障、失業者の労働組合加入の許容など)、1999年の教員の労働組合設立及び運営等に関する法律、労使政委員会の設置及び運営等に関する法律をあげることができる。

(4) 韓国の最低賃金制度は、1988年に10人以上の製造業を対象としてスタートした。その後、1989年には10人以上の鉱業・建設業、1990年には10人以上の全産業、1999年9月には5人以上の全産業、2000年には1人以上の全産業へと徐々に拡大していった。

(5) アジア金融危機をきっかけとした社会保障制度の整備過程については金成垣(2008)や松江(2014)で詳しく検討している。

(6) 「IMF早期卒業」がいわれた2000年代初頭になると、GDPは4,000億ドル台へ、経済成長率は4～5%台へと戻り、失業率も3%台へと急減するなど、各種経済指標が回復に転じた。

(7) 2000年代以降、とくに若者の失業・貧困問題が注目されることになり、若年層をターゲットとした雇用創出政策も積極的に推進されることとなった。その代表的なものを取り上げると、「青年失業総合対策」(2003年)、「青年雇用促進対策」(2005年)、「海外就業促進対策」(2006年)、「高卒以下青年層雇用促進対策」(2006年)、「青年失業補完対策」(2007年)、「グローバル青年リーダー養成計画」(2008年)、「青年雇用追加対策」(2009年)、「青年雇用総合対策」(2010年)等々がある。なお、2000年代に入ってからの若年層の失業・貧困問題の状況、その対策の内容や評価については金成垣(2011)を参照されたい。

(8) ここでは、日韓比較を中心に議論を展開するため、韓国の雇用保障政策について詳しく論ず

ることはできない。韓国の雇用保障政策については付章1で詳しく取り上げたい。

(9) 正確な数値を示すと、2000年に農業10.6％、製造業28.1％、サービス業61.3％であった。日本で国民皆保険・皆年金体制が成立した時期における産業・就業構造をみると、農業32.6％、製造業29.8％、サービス業37.6％であった。

(10) 韓国で医療保険が最初に導入されたのは、1963年制定の医療保険法であったが、ただし、この時期の医療保険は任意設立・任意加入であった。その後、1976年の法改正を経て、1977年から常用雇用者500人以上の企業に医療保険加入が義務付けられた。ここが韓国の医療保険の実質的なスタートといってよい。1979年には300人以上、1980年には100人以上、1982年には16人以上、そして1988年には5人以上へと対象が拡大された。この職域保険とは別のかたちで、地域保険としては、1988年には農漁村地域の制度を、1989年に都市地域の制度を導入し、地域住民を対象とする制度が展開された。これについての詳しい考察は李蓮花（2011）を参照されたい。

(11) 国民健康保険という単一の制度からなる皆保険の実現は世界的にも注目された。たとえば、この改革によって、北欧諸国にみられる国営医療システム（national health service）、フランスやドイツ、日本などにみられる社会保険システム（social health insurance）、アメリカの民間医療保険体制（private health insurance）の3つとして区分されていた医療保障システムに、新しいシステムとして、韓国の国家保険システム（national health insurance）が追加されたという評価が行われた（Lee、Chun、Lee、& Seo 2008）。

(12) 1988年に従業員10人以上の企業を対象に制度が導入され、その後、1990年代に入って農漁村地域住民と都市住民への適用拡大を経て、1999年には全ての国民を1つの制度によってカバーするようになった。

(13) これまで韓国のさまざまな分野における制度・政策は、多方面にわたって日本からの強い影響を受けていた。しかしながら、1990年代末以降の社会保障分野でみられた「単一型社会保険」の誕生は、「日本型からの脱皮」（キム・ヨンミョン編 2002：134-135）ともいわれるほど大きな変革であった。

(14) この点については、金成垣（2011b；2012b；2013b；2014a）などで検討している。

(15) この点については本書の第5章で再度取り上げる。

5章
日韓における失業・貧困対策

1 失業・貧困対策の展開

失業・貧困対策の一般的原則

　本章においては、福祉国家の諸制度・政策のうち、社会保障制度、なかでも主に失業保険と公的扶助に焦点をあてて、「後発国」としての日韓における失業・貧困対策の歴史的・構造的特徴を明らかにする。本論に入る前に、後の議論とのかかわりで、失業保険と公的扶助による失業・貧困対策の一般的原則について簡単にふれておこう。

　失業保険と公的扶助の制度的枠組みをみると、前者は、保険料を財源とし貢献（拠出）原則にもとづいて短期失業者を救済し、後者は、税を財源とし必要原則にもとづいて長期失業者や貧困者を救済する制度である。前者を保険原理、後者を扶助原理と呼ぶことができるが、ここで重要なことは、この2つの原理の結合によってはじめて失業・貧困対策が成り立つということである。つまり、失業になった場合、まずは失業保険の給付を受けるが、その受給期間後も再就職できず、なお貧困状態にあると公的扶助の対象となる。この失業・貧困対策の基本枠組みを備えるためには、保険原理と扶助原理の結合が不可欠なのである。

日韓における制度展開の概要

　日本と韓国における失業・貧困対策の展開過程をみると、たしかにこの2つ原理の結合によって対策の全体的な仕組みが形づくられてきた。[1]

　日本の場合、周知の通り、戦後すぐに失業保険と生活保護による失業・貧困対策が整備された。終戦後の経済混乱期に大量失業に直面して、まず戦前に高齢者と児童など労働無能力者のみを対象としていた救護法（1929年）を廃止し、新しい制度として生活保護制度を導入した（1946年制定、1950年改正）。これにより、生活に困窮していれば、誰でも救済の対象になる現代的な意味での公的扶助制度が整備された。しかし、失業者をすべて税金で救済するとなれば、当然財政に問題が生じる。そのため、生活保護と連携して戦前にはなかった失業保険を導入し（1947年）、その問題に対応することとなった。その後、失業保険から雇用保険への法改正が行われたり（1974年の雇用保険法）、また生活保護においても細かい改正は行われてきたものの、基本的にこの両制度によって失業者や貧困者を救済する仕組みは、大きく変わらず今日に至っている。

　韓国の場合、これらの制度整備は日本よりはるかに遅い。1990年代半ばまで失業保険はなかったし、生活保護制度（1961年）は高齢者や児童、障害者のみを対象としていた。1995年に30人以上の規模の企業の労働者を対象として雇用保険がスタートするが（1993年の雇用保険法）、1990年代末のアジア金融危機による大量失業のなかでその改革が行われ、すべての労働者をカバーするようになった。しかし当時の失業の長期化は、雇用保険だけでは対応できず、また既存の生活保護制度も労働能力をもった者はその対象としていなかった。そこで政府は、従前の生活保護制度を全面改正し、労働能力の有無にかかわらず国民の最低生活を権利として保障する国民基礎生活保障制度を創設した（1999年制定、2000年実施）。これにより、失業者がそれぞれの状況に応じて雇用保険か公的扶助の保護を受けることができる仕組みが備えられた。

　制度整備の時間差や制度内容の細かい違いはあれ（**表5-1**と**表5-2**を参照）[2]、日韓両国とも失業保険と公的扶助の両制度の整備によって、保険原理と扶助原理の結合という原則にもとづく失業・貧困対策が行われている。

〈表5-1〉日本と韓国の雇用保険制度の概要

	日本	韓国
制度名称	・失業保険（1947年）→雇用保険（1974年）	・雇用保険（1993年制定、1995年実施）
適用対象	・全ての企業の被用者 ・農林水産事業のうち、5人未満の個人経営などは任意 ・以下の者は除く、 ①65歳以上の新規雇用者 ②短期雇用（1年未満）のパート（週30時間未満）、日雇労働者（但し、短期雇用特例被保険者、日雇労働被保険者あり） ③船員保険の被保険者、公務員など	・全ての企業の被用者 ・零細建設公社、個人雇用の家事サービス業、農林水産事業のうち5人未満の個人経営などは任意 ・以下の者は除く ①65歳以上の新規雇用者 ②パートタイム労働者（月60時間未満、1週15時間未満）、日雇労働者 ③公務員、私立学校教職員、別定郵便局職員など
失業給付の種類と内容	・求職者給付 ・就職促進給付 ・教育訓練給付 ・雇用持続給付など 〈求職者給付の内容〉 ・資格期間：離職前1年間に被保険者期間6ヵ月以上 ・給付期間：被保険者期間と年齢により90～330日 ・給付額：離職前の賃金の50～80%	・失業給付（求職給付、就業促進手当） ・職業能力開発事業 ・母性保護給付 ・雇用安定事業など 〈求職給付の内容〉 ・資格期間：離職前18ヵ月間に被保険者期間6ヵ月以上 ・給付期間：被保険者期間と年齢により90～240日 ・給付額：離職前の賃金の50%

出所：金成垣（2011c）から再作成

〈表5-2〉日本と韓国の公的扶助制度の概要

	日本	韓国
名称と目的	・旧生活保護法（1946年）→新生活保護法（1950年） ・「国が生活に困窮するすべての国民に対し、その困窮の程度に応じ、必要な保護を行い、その最低限度の生活を保障するとともに、その自立を助長することを目的とする」（第1条）	・生活保障法（1961年）→国民基礎生活保障法（1999年） ・「生活に困窮する者に対して必要な給付を行うことによってその最低生活を保障し、自活を助長することを目的とする」（第1条）
適用対象	・所得基準：最低生活費以下の世帯 -2015年基準（東京都、単身世帯）：79,790円 ・そのほか、稼働能力、財産、扶養義務者基準などあり	・所得基準：最低生計費以下の世帯 -2015年基準（単身世帯）：437,454ウォン ・そのほか、稼働能力、財産、扶養義務者基準などあり
給付の種類と方式	・生活扶助、教育扶助、住宅扶助、医療扶助、介護扶助、出産扶助、生業扶助、葬祭扶助 ・統合給付	・生計給付、医療給付、住居給付、教育給付、出産給付、葬祭給付、自活給付 ・2015年に統合給付から個別給付へ変更

出所：金成垣（2011c）から再作成

2 失業・貧困対策の特徴とその要因

(1) 日韓の「二層体制」と西欧の「三層体制」

ところで、日韓の失業・貧困対策にみられる2つの原理の結合の仕方をみると、西欧諸国のそれと大きな違いを発見することができる。

西欧諸国の失業・貧困対策においても、保険原理と扶助原理の結合という点は共通するが、その中身をみると、公的扶助以外に扶助原理にもとづくもう1つの制度、つまり失業扶助制度を取り入れている国が多い。[3] 主に長期または若年失業者を対象とする制度であるが、それらの国では、制度成立の初期から、失業保険とも異なる、また公的扶助の前身といえる救貧制度とも異なる失業扶助を導入してきた。20世紀後半以降の時点でみると、イギリスの求職者給付や雇用・支援給付、ドイツの失業給付Ⅱ、フランスのRMI制度やRSA制度などといった制度整備がその代表的なものといえる。

これに対して、日本と韓国には失業扶助という制度がない。上記のように、日本では雇用保険と生活保護、韓国では雇用保険と国民基礎生活保障を導入しているだけである。要するに、西欧諸国の失業・貧困対策は、「失業保険-失業扶助-公的扶助」という「三層体制」になっているのに対して、日韓においては「失業保険-公的扶助」という「二層体制」になっていることが、大きな違いである。

それでは、なぜこのような違いが生まれたのか、そしてそれは何を意味するのであろうか。これについては歴史的な視点が必要となる。前節でみた日韓における失業・貧困対策の展開過程との対比で、主にイギリスの歴史的経験にふれながら、上の問いへの答えを試みてみよう。

(2) イギリスにおける「三層体制」の歴史的経路

「三層体制」の誕生

多くの西欧諸国において、「三層体制」による失業・貧困対策の起源は、両大戦間期に遡る。ここでイギリスの例をあげると、第1次世界大戦後の

イギリスでは、救貧制度（1601年の旧救貧法→1834年の新救貧法）と失業保険（1911年）が、前者は基本的に労働無能力者のみを対象とし、後者は労働者を対象として、別々に運営されていた。ところが、第1次世界大戦後の不況と大量失業は、その長期化のため、保険の受給資格を有さないあるいは喪失した失業者を大量発生させ、これらの人々に対しては、保険原理ではなく扶助原理の制度から対処しなければならない状況をもたらした。そこで、一方では、救貧制度がやむをえず労働能力をもった者をその対象に含むようになるが、それと同時に他方では、失業保険もその本来の保険原理を維持できなくなり、大きく変質することになる。すなわち、失業保険のなかに一般財源を投入し、「無契約給付」（1921年）や「拡大給付」（1924年）、また「過渡給付」（1929～1931年）や「過渡手当」（1931～1934年）等々、新しい給付・手当をつぎつぎと導入することによって、「保険の扶助化」といった現象が起こったのである。これらの給付・手当は、当初は失業保険制度内での応急措置であったが、それがやがて失業保険と並んで失業扶助として成立する（1934年の失業法）。

　これにより、当面の失業問題に対して、まずは失業保険が対応し、失業保険でカバーされない失業者が発生すると失業扶助で救済を行い、失業者のなかでその失業扶助からもはじき出された者は救貧制度による救済を受けることとなった。こうして戦間期における「失業保険－失業扶助－救貧制度」という「三層体制」の失業・貧困対策ができあがったのである。

　この当時の状況からして、ここで注目すべきことは、救貧制度と失業扶助との関係である。扶助原理という側面からすると、両制度には違いがない。また当時、救貧制度からも労働能力をもった者を救済しつつあったことを考えれば、対象者に関しても労働能力の有無という区別はない。とすると、制度の合理性あるいは効率性からして、保険で救済できない失業者が発生した場合、従来の救貧制度を残したまま新しい制度を作る必然性はなく、むしろその救貧制度の改革によって対処することも十分考えられる。実際、時期的には異なるが、前節でみた韓国の経験では、似たような状況のなかで以前の生活保護制度を全面改定し、普遍的な制度として国民基礎生活保障制度をつくりあげた。また日本の生活保護制度も以前の救護法の廃止から生まれたものである。しかしイギリスの場合は、救貧制度のラディカルな改革には至ら

ず、それを温存させるかたちで、それとは別の扶助原理の制度として失業扶助を導入したのである。

救貧制度とスティグマ

それはなぜなのかについてはさまざまな要因が考えられるが、もっとも重要な要因の1つとして、救貧制度の古い歴史のなかでそこに強く付きまとってきたスティグマの問題をあげることができる。周知の通り、イギリスの救貧法には、長いあいだ「救貧法の利用者＝被救恤民／二流市民」という等式が成立していた。すなわち、同法は、基本的には労働無能力者のみを対象としていたが、「やむをえず労働能力をもった者を保護するばあいには、道徳的な裁判ともいえるポーパリズムの烙印が押され、ワークハウス内での救済によって人格的自由が奪われ、公民権をも失うということになっていた」（田多 2009：26）。このような制度運営が数百年もつづいてきたわけだが、この制度に「一般市民」である失業者を任せるわけにはいかない。実際、イギリスでは1911年に失業保険が導入されるが、その主な目的は、「失業者が屈辱的な救貧法の対象とならないように」（一圓 1993：66）することにほかならなかった。

より重要なことは、1920・30年代の失業の長期化により、その失業保険からもカバーできない失業者が急増したときに、保険原理を崩してまでも、彼らを「被救恤民として救貧法の対象とすること」（一圓 1993：67）を避けようとしたことである。田多も指摘しているように、当時、失業者が「大挙して救貧制度に流れ込んでいく恐れがあった。そこで救貧制度に向かわせないためにも、これらの層に対しては別途手当をしなければならなかった」（田多 2009：27）という背景の下で、扶助原理にもとづきながらも従来の救貧制度とは異なる各種給付・手当制度をつぎつぎと導入し、それが1934年の失業扶助に至ったのである。

このようにスティグマの問題を背景にして、戦間期のイギリスでは「失業保険－失業扶助－救貧制度」という「三層体制」の失業・貧困対策が成立した。戦後には、スティグマ問題の解決のため、救貧法が廃止され、戦前の失業扶助を基礎とした「国民扶助」（1948年）が制度化される。しかし、それでもスティグマは消えず、その後の制度改革では、「扶助」という名称は使

わないことになり、1966年の「補足給付」、1988年の「所得補助」といった制度改正が行われた。そしてその後、受給者の増加やそれによる財政悪化などが問題となって、けっきょく、1996年には「所得補助」から労働能力をもった者を切り離し、彼（女）らのみを対象とする「求職者給付」が導入される。1990年代半ば以降における「失業保険－求職者給付－所得補助」という「三層体制」の失業・貧困対策の成立である。

イギリスのみならず、多くの西欧諸国では、「スティグマ性をなくそうとする努力が重ねられているにもかかわらず、新しく発足した制度がまたスティグマを帯びるという苦しい経験を諸国家が味わっている」（小田1992：35）。この意味において、西欧諸国で「三層体制」の失業・貧困対策が形成された背後には、共通して救貧制度の長い歴史におけるスティグマの問題が存在していたといってよいであろう。

（3）日韓における「二層体制」の誕生とその帰結

「二層体制」の誕生

以上のようなイギリスを含む西欧諸国の経験に照らしてみると、日韓の制度整備の状況は、それとかなり違うことに気づく。すなわち、イギリスなどの西欧先進諸国に比べると、資本主義の短い歴史のなかで、救貧制度の歴史も非常に短かった。しかもその資本主義は国家主導の強力な経済開発政策によって展開され、自由主義や自己責任主義がそれほど浸透せず、日本の戦前の救護法や韓国の1990年代以前の生活保護の場合には、スティグマの問題も相対的に少なかった。韓国では公民権を失うという原則も存在しなかった。そのため、保険原理と扶助原理の結合からなる失業・貧困対策を整備していくさいに、日韓では西欧諸国のような失業扶助の導入といった対応もみられなかった。以前の制度から現代的な意味の公的扶助へといっきに転換することができ、西欧諸国の「三層体制」と異なる、「失業保険－公的扶助」という「二層体制」ができあがったのである。

「二層体制」の帰結

このように形成した「二層体制」という特徴は、実は、失業扶助制度の有

無だけによるものではない。西欧諸国の場合、失業保険、広くいえば社会保険と公的扶助とのあいだに、失業扶助のみならず、扶助原理にもとづく多様な社会手当を備えている。家族手当や住宅手当がそれである。これらの制度は、直接的には失業・貧困対策のための制度といえないものの、その歴史的展開過程において、低所得者の賃金補助の意味合いをもちつつ、彼（女）らができるかぎり公的扶助に向かわせないための機能をも果たしてきた[8]。この意味において、社会手当は、「三層体制」の２層部分にあたる失業扶助と同様の位置づけにあるものといえる。失業扶助とともにこれらの社会手当が、日本と韓国には存在しないか、あるいは極端に少ないのだが[9]、このことが、西欧の「三層体制」と異なる日韓の「二層体制」の構造をより確固たるものにしているのである。

　明確に認識されることは少ないが、日韓の「二層体制」から生まれた制度的特徴の１つとして、公的扶助制度の包括性を指摘することができる。失業扶助や社会手当の未（微）整備の状況で、それらの役割を同じ扶助原理の制度である公的扶助が背負うことになったからだと思われるが、実際、日韓の同制度をみると、「生活に困窮する全ての者に最低生活を保障する」という趣旨のもとで、生活費のみならず住宅、教育、医療——日本では介護まで——をも含む広範な付加給付から構成されている。埋橋が指摘しているように、他の国に比べて日韓の公的扶助は、内容的に非常に包括的かつ体系的なものになっているのである（埋橋 2010：303）。実際、以下の**表５-３**から2007年の時点で主要国の公的扶助における付加給付の種類をみると、その

〈表５-３〉主要国の公的扶助における付加給付の種類

イギリス	ドイツ	フランス	スウェーデン	日本	韓国
所得補助	生計扶助	最低社会復帰扶助	社会扶助	生活保護	国民基礎生活保障
家族付加給付	—	—	医療 交通費 保育料	医療 生業 教育 出産 葬祭 住宅 介護	医療 自活 教育 出産 葬祭 住宅

資料：OECD(2007)から筆者作成

状況が簡単に伺われる。

以上、西欧諸国との比較で日韓における失業・貧困対策の展開をみながら、西欧の「三層体制」と異なる日韓の「二層体制」という構造的特徴、そしてその背後にある歴史的経路を明らかにした。その過程で、日韓の失業・貧困対策にみられる重要な制度的特徴として、公的扶助の包括性という点を浮き彫りにした。以上の議論をふまえて、以下では、日韓における「二層体制」の失業・貧困対策が、今日直面している問題と課題について考えてみたい。

3 「二層体制」の今後

「二層体制」の挟間

失業扶助制度が存在しない日韓の「二層体制」からして、もっとも重要な問題として指摘できるのは、長期失業者や若年失業者の救済である。周知の通り、西欧諸国の失業扶助制度は、主に失業保険の給付期間が終わった長期失業者と、そもそも保険料の拠出経歴がなく（短く）給付要件を満たさない若年失業者を対象とする制度である。失業保険と違って失業扶助には給付期間を定めていない国も多い。日本と韓国において、この失業扶助制度がないということは、その役割を同じ扶助原理の制度である公的扶助が担うことになることを意味する。

たしかに、前節でみたように日韓の公的扶助制度は他国に比べて非常に包括的な制度になっている。しかしながら問題は、実際の長期・若年失業者の受給状況である。具体的なデータを省くが、日本でいうと、近年ワーキングプアが社会問題化するなか、生活保護の厳しい受給条件が批判の対象になったことからわかるように、稼働能力の審査を含む、いわゆる「補足性の原理」の適用のため、働ける人の受給率が非常に低い。最近の長期・若年失業者の受給増加は、逆にいえば、今までの生活保護の厳しさの証しともいえる。韓国の国民基礎生活保障制度においても、若年層の失業・貧困問題が深刻化するなかで、その低い受給率についての改善要求が高まってきている。要するに、両国の公的扶助は、制度上は長期・若年失業者をもカバーする包括的

な制度になっているものの、実際の救済は極力制限されているのである。

となると、働ける人の失業・貧困対策は事実上、失業保険が中心になるが、いうまでもなく、保険原理によって運営される失業保険に、その役割を期待することはできない。保険料の拠出という一定の資格期間を定めているため、新卒などの若年失業者は制度から排除される。また資格期間と年齢によって給付期間を定めており、そのため長期失業者も排除される。保険原理である以上、長期・若年失業者をこの制度から救済することは、そもそも困難なのである。

けっきょく、失業保険も公的扶助も、失業扶助の役割を担うことができておらず、両制度のあいだには隙間ができてしまっているのである。西欧の失業扶助が、働ける階層のための制度であることを考えれば、日韓の公的扶助と失業保険からなる「二層体制」の隙間は、非常に大きいといえる。

さらに付け加えるならば、家族手当や住宅手当などの社会手当制度が、極端に少ないのも問題である。前述したように、これらの制度は、失業扶助とともに人々を公的扶助の対象にさせないような機能を果たしているといえるが、日韓でこの類の制度が未（微）整備であることが、「二層体制」の隙間をさらに広げてしまっているのである。

「二層体制」から「三層体制」へ？

最近、日韓両国とも雇用情勢がますます悪化し、長期・若年失業者の問題が深刻化するなか、社会保障制度の改革議論が活発になっている。その背景には、共通して本章で論じた「二層体制」の隙間の問題があるといえる。その問題の改善に向けての両国の状況を簡単にみてみよう。

日本の場合、たとえば、「二層体制」の隙間を埋めようとして「求職者支援制度」や「生活困窮者自立支援制度」といった改革が行われていることは注目に値する。それらの制度には、これまで日本で存在していなかった新しい失業扶助の要素がみられており、また新しい制度としての住宅手当に類似する要素も含まれている。同様に、2000年代後半には、子ども手当のような扶助原理の新しい制度の導入や廃止に関する議論が盛んになり、さらにいえば、今までの保険原理から一線を引く大々的な年金改革の構想も現れていた。これらの改革の方向性は、既存の「二層体制」に直接メスを入れつつ、

新しい体制を構築しようとする試みともみえる。

　これに対して韓国の場合は最初、たとえば社会保険制度の適用範囲を1人以上のすべての企業に拡大しており、また、大学の非常勤講師をも雇用保険の加入対象にする仕組みを作っていることからわかるように、「二層体制」を維持するという方向性が目立っていた。しかし最近の状況をみると、国民基礎生活保障制度における自活給付対象者の分離と失業扶助のような新しい制度の導入、また同制度の統合給付の原則の撤廃と対象・問題別の各種社会手当制度の導入などといった改革案も提起されている。[11]ちなみに年金に関していえば、保険原理の制度（国民年金）以外に扶助原理の制度として基礎年金を新しく導入している。このような状況をみると、日本と同様に「二層体制」から「三層体制」へと移行しているようにみえる。

　西欧と異なる歴史的な経路のなかで、共通して「二層体制」を構築してきた日韓の社会保障制度が、いかなる方向へ向かっているのか、そしてその帰結がどうなるのか、については今後、非常に興味深いテーマになるであろう。

注

(1) 日本と韓国における公的扶助と失業保険の歴史的な展開過程の詳細は、本書の第3・4章および金成垣（2008；2014）を参照されたい。

(2) 日韓の両制度の具体的な内容については金成垣（2011c）を参照されたい。

(3) 失業扶助を導入しているのは、オーストリア、フィンランド、フランス、ドイツ、ギリシャ、アイルランド、ポルトガル、スペイン、スウェーデン、イギリスである（OECD 2007）。

(4) この時期における救貧法の状況については、主に大沢（1986）やB. Anthony（2002）を参照している。

(5) これらの給付・手当の歴史的展開と具体的な内容に関しては、大沢（1986）や田多（2009）、齋藤（2014）に詳しい。

(6) この点について詳しくは、田畑（1994：25-29）やP. Spicker（1984＝1990：146-147）を参照されたい。

(7) 戦後のイギリスにおける公的扶助改革については、曽原（1987：127-160）や山田（1999：199-225）に詳しい。

(8) イギリスにおける家族手当や住宅手当については、樫原（1979：1-66）、福島（1981：43-52）、P. A. Kemp（2007）、M. Bruce（1971＝1984：439-456）、所（2012）などを参照されたい。

(9) 日韓では社会手当が少ないことに関しては、企業の役割と関連づけて考えるのが適切であろう。というのは、日韓両国とも、家族や住宅関連の給付が、企業の福利厚生によって多くの部分肩代わりされてきた側面が強いからである。この点、西欧と異なる日韓の社会保障制度の特徴を捉えるさいに興味深いテーマであるが、これについての詳細な考察は別稿に委ねる。

(10) これについては、金成垣（2011c：91-118）を参照されたい。

(11) 実際、2015年から国民基礎生活保障制度の給付方式が「統合給付」から「個別給付」へと変更された。本文中にも述べたように、同制度の給付の種類は①生活扶助、②住宅扶助、③医療扶助、　④教育扶助、⑤出産扶助、⑥葬祭扶助、⑦生業扶助の7種類である。従来は、いずれも最低生活費以下の者のみを対象とし、給付方式についても①の生活扶助を基本に、必要に応じて②から⑦までの給付を併給する、いわゆる統合給付となっていた。しかし2015年から、給付ごとに選定基準を設定し給付を行う「個別給付」という方式へと変更

された。国民基礎生活保障制度の枠内での給付方式の変更とはいえ、その「統合給付」から「個別給付」への変更は、「二層体制」の失業・貧困対策から「三層体制」の失業・貧困対策への変化の可能性を秘めているといわざるをえない。

終章
日韓比較を超えて

1　日韓比較のまとめ

要約

　冒頭で述べたように、本書の問いは、「国際比較でみた場合、日本と韓国の福祉国家はいかに特徴づけられるのか」ということであった。この問いに納得できる答えを出せなかった従来の比較福祉国家研究を批判的に捉えつつ、本書ではその従来の研究ではほとんど注目されることのなかった時間軸の比較視点から、日韓比較分析を行い、両国の特徴とそれをもたらした要因を明らかにした。

　まず第1章と第2章では、従来の比較福祉国家研究における2つの潮流として、〈経済学系〉福祉国家研究と〈社会学系〉福祉国家研究を取り上げ、それぞれの研究潮流にみられる段階論的アプローチと類型論的アプローチを批判的に検討し、両アプローチの結合による時間軸の比較視点の必要性および重要性を確認した。次に第3章～第5章では、その時間軸の比較視点にもとづいて、日本と韓国の福祉国家を分析し、その類似と相違を明らかにすることによって、「後発国」の多様性を浮き彫りにした。

ここでは本書の最後に、「後発国」の多様性を浮き彫りにした日韓比較分析の結果について、主に第3章と第4章の内容を簡単にまとめたあと、その日韓比較分析と従来の比較福祉国家研究、とくに福祉レジーム論との方法論的関連性を探る。それをふまえ、共通の枠組みで日韓と西欧諸国を対象とした本格的な国際比較研究を行うための課題を示す。

日韓比較分析の結果

　雇用保障と社会保障を両軸にした全体としての福祉国家を想定すれば、日本では終戦直後から1950年代にかけて、韓国では1990年代後半から2000年代にかけて福祉国家が成立した。その成立期において日本では、雇用保障としては「全部就業政策」、社会保障としては「混合型社会保険」、そして韓国では、雇用保障としては「全部雇用政策」、社会保障としては「単一型社会保険」が、福祉国家を構成するもっとも重要な要素として定着した。その中身とそれをもたらした要因については次のように説明できる。

　戦後、日本では急速な工業化がすすめられていた。そのさい、後発資本主義国として、農業や零細中小企業など前近代的な従来の産業部門に数多くの過剰人口を残しながら、相対的に少ない労働力をもって重化学工業を中心とした近代産業部門の成長を試みた。

　そのような状況のなかで福祉国家の成立をすすめた日本では、雇用保障政策の整備において、西欧諸国の福祉国家成立期に一般的にみられたような、生産性の高い近代産業部門で雇用の創出と拡大をはかる完全雇用政策だけでは十分な雇用が生まれないとされ、それとともに、生産性の低い従来の産業部門に対する保護政策、つまり中小企業・自営業保護政策が積極的に推進された。そして、この完全雇用政策と中小企業・自営業保護政策からなる、いわゆる「全部就業政策」の推進によって、近代産業部門における雇用のみならず、従来の産業部門における、雇用関係のないあるいは弱い就業形態をも守ろうとすると、社会保障政策の整備においても職域保険だけでは不十分で、その職域保険からカバーできない家族経営等の零細中小企業の従事者や農業等の自営業者をカバーするための地域保険を整備せざるをえなかった。このように、完全雇用政策と中小企業・自営業保護政策からなる「全部就業政策」とセットとして、職域保険と地域保険からなる「混合型社会保険」が生

まれ、それによって国民皆保険・皆年金体制が実現できたのである。

　以上のような戦後の日本における福祉国家成立の経験と比べると、韓国で福祉国家が成立した1990年代後半から2000年代にかけての状況は大きく異なっていた。韓国は当時、農業はもちろん、重化学工業を中心とした製造業分野が著しく減少し、新しい産業としてサービス産業が急成長する時期であった。

　そのような状況のなかで、日本の福祉国家の成立期にみられた重化学工業を中心とした製造業分野での完全雇用政策も、また農業や零細中小企業保護政策も、雇用保障政策としては有効性を失っていた。急成長するサービス産業、なかでも保育や教育、介護や看護などといった社会サービス分野での需要の増加と雇用の拡大が期待され、その社会サービスを提供する社会的企業のようなサードセクターを主な担い手とする雇用の創出と拡大政策が展開されるようになった。これが日本の「全部就業政策」と異なる韓国の「全部雇用政策」といえる。重要なのは、この「全部雇用政策」の展開の状況のなかで、地域保険に対しては大きな役割が期待できず、むしろ職域保険の性格を有した一元化した制度から国民皆保険・皆年金体制を構築することが合理的な選択であった。そこで、日本の「混合型社会保険」とは異なる「単一型社会保険」が生まれた。

　以上をまとめると、工業化時代に福祉国家の成立を経験した日本、サービス化時代に福祉国家の成立を経験した韓国という、両国における福祉国家成立のタイミングの相違によって異なる特徴をもった雇用保障と社会保障が生まれ、それを両軸にしたそれぞれ異なるあり方の福祉国家が成立した。成立後、いわゆる経路依存性によって初期の特徴を多かれ少なかれ残しながら福祉国家が発展・変容していくものと考えられる。

日韓比較分析からの問題提起

　以上のようにして、時間軸の比較視点から、日本と韓国におけるそれぞれ異なる福祉国家の特徴、いいかえれば「後発国」の多様性を明らかにしたわけだが、この分析によって、何より福祉国家成立のタイミングによって、雇用保障と社会保障のあり方、つまり福祉国家の全体のあり方が変わってくるということを明らかにした点で、従来の比較福祉国家研究に対して重要な問

題提起ができたといえる。

たしかに西欧諸国を中心とした従来の比較福祉国家研究において時間軸の比較視点、より具体的にいうと、タイミングの問題が注目されることはほとんどなかった。なかでもそのメインストリームといえる G. Esping-Andersen の福祉レジーム論に対して、3つのレジームのあいだに「じつは時間差があったにもかかわらず、3つを同時に扱っている」(大沢編 2004:328)[1]という限界が指摘されるように、福祉国家の多様なあり方を分析するさいに、その歴史的な展開におけるタイミングの問題は軽視されることが多かった。しかし時間軸の比較視点による本書の日韓比較分析から明らかになったように、各国の福祉国家の成立やその後の展開におけるタイミングの違いによって、それに起因して動員しうる政策手段に相違が生まれ、その結果、福祉国家の全体的なあり方が変わってくるものと考えるのが妥当であると思われる。

この意味において、本書の日韓比較分析からの問題提起を受け止めて、日韓のみならず西欧諸国をも対象に、福祉国家の歴史的な展開過程におけるタイミングの問題に着目した共通の枠組みから国際比較研究を行うことが今後の重要な研究課題となる。この新しい研究課題に取り組むためには、長いスパンにわたる史料の収集や多方面における詳細な分析が必要になる。その本格的な作業は別稿にゆだねたいが、ここではそのための1つの試論として、序章で取り上げた福祉レジーム論に立ち戻り、その再検討を通じて、3つのレジームの背後にあるタイミングの問題を浮き彫りにしたい。これにより、時間軸の比較視点を重視した本書の日韓比較分析と福祉レジーム論の方法論的接点を明らかにし、今後の本格的な国際比較研究のための共通の枠組みの可能性を見出したい。

2 再び福祉レジーム論へ

(1) 3つのレジームの背後にあるもの

周知の通り、福祉レジーム論における福祉国家分析のキー概念は脱商品化

である。「福祉国家発展経路には多様性があるが、これは脱商品化の要請に対する対応が異なっていたからである」(Esping-Andersen 1990：37)という認識のもとで、脱商品化をめぐる階級連合の形成に着目して、福祉国家の多様な特徴を類型論的に見出したのが福祉レジーム論の基本的なアプローチである。少し具体的にいうと、それぞれの社会において形成された諸勢力間あるいは諸階級間の連合の構造的違いが脱商品化政策としての社会保障のあり方を決定する要因となり、それによって、それぞれ異なる3つの福祉国家、つまり社会民主主義レジーム、保守主義レジーム、自由主義レジームが生まれてきたというのが、福祉レジーム論の核心論点である。それぞれのレジームの特徴については次のように説明される (Esping-Andersen 1990：chap.01)。

まず、社会民主主義レジームである。スウェーデンなどの北欧諸国がこのレジームに当たる。これらの国では、社会民主主義勢力あるいは労働者階級と農民層が政治的連合を形成したことによって、市場における地位如何に関係なくすべての人々に脱商品化の権利を付与する普遍的な社会保障制度をつくりあげたとされる。制度の具体的な中身をみると、全国民を包含する単一の普遍主義的な社会保険制度、そして子どもや高齢者あるいは要介護の人々に対する社会サービスという特徴がみられる。

次に、保守主義レジームである。ドイツなどの大陸ヨーロッパ諸国がこの類型に当たる。ここでは、社会民主主義レジームとは異なり、保守勢力が農民層を取り込み、労働者階級が孤立の状況におかれたことが主な特徴である。この孤立した労働者階級に付与された脱商品化の権利は、市場への依存に対する純粋なオルタナティブではなく、労働や雇用に大きく左右され職域的地位に付随するものであった。その現れとして生まれた制度が、職域ごとの異なる社会保険制度である。伝統的な家族制度の強さのため未就労の女性はその給付対象に含まず、それに代えて母性を支援する家族手当が発達してきた。

最後に自由主義レジームである。英米を含むアングロサクソン諸国がこの類型に当たる。ここにおいては、上の2つのレジームのような明示的な政治連合が形成されず、自由主義勢力が主に新中間層(とくにホワイトカラー層)の要求を受け入れたことによって、限定的な脱商品化の権利を認める方向へと向かった。その結果、社会保障制度においては、厳しいミーンズテス

トつきの公的扶助、最低限の普遍主義を追求する社会保険が生み出されたとされる。

この3つのレジームの中身に関しては後に再度取り上げることとし、ここで本書の問題関心からして問わなければならないのは、福祉レジーム論でいうように、脱商品化のあり方を規定する階級連合の構造が3つのレジームのあいだで異なるとすれば、その異なる構造の階級連合をもたらした要因は何かということである。すなわち、彼のいうように、脱商品化のあり方を規定する階級連合の構造が各社会で異なるとすれば、その階級連合の構造の違いを規定する要因は何か。より具体的にいうと、なぜある社会では労働者階級と農民層が政治的連合を形成し、またある社会では、保守勢力と農民層との連合によって労働者階級の孤立が生まれ、さらにある社会ではそういった政治的連合が形成されず中間層が多数派を占めるようになったのか、という点である。

それぞれ異なる階級連合の要因を探ることによって、上で指摘したような、3つのレジームの背後にあるタイミングの問題を浮き彫りにすることができると思われる。しかし福祉レジーム論において Esping-Andersen はそれについて明確な分析を行っていない。3つのレジームの歴史的な形成過程を分析するにあたり、脱商品化をめぐる諸勢力や階級の政策的志向性、そしてそれら諸階級間の連合構造についての分析が主となり、その要因、つまりなぜそのような連合が生まれたかについての因果関係的な説明は、部分的な記述にとどまっている。より正確にいうと、そこまでを理論的な射程に入れていないのである[3]。

以下では、福祉レジーム論の理論的な射程に入っていない階級連合の背後にある問題を考えてみたい。

(2) 時間軸の比較視点でみた3つのレジーム

社会民主主義レジーム

まず、社会民主主義レジームである。既述したように、このレジームに属する北欧諸国では、脱商品化の実現をめぐって、社会民主主義勢力あるいは労働者階級と農民層の政治的連合を形成し、労働市場での地位に関係なくす

べての人々に脱商品化の権利を保障する普遍的な社会保障をつくりあげたとされる。その階級連合について、Esping-Andersen のなかでは次のような説明がみられる。

すなわち「工業化の初期の段階では、農民階級が単一の集団としては選挙民のなかで最大であった。社会民主主義者が政治的多数を占めたいと思えば、社会民主主義者は農民層を相手として同盟を模索せざるを得なかった」Esping-Andersen（1990：30）ということである。たしかにスウェーデンの場合、各種社会保障制度を導入した 20 世紀前半の時期に、ヨーロッパ最大の農業国であった。統計資料によって少し差はあるが、ある資料によれば（戸原 1984：285）、1910 年の時点で農村人口比率が 75％で、職業別でみると農業人口が 51％であったという。このような農業国としてのスウェーデンの状況からすると、Esping-Andersen のいうような階級連合をあえて考えなくとも、あるいはそれを考える前に、何らかの政策を推進するさいに国民の大多数を占める農民層の存在が政策のあり方を方向づける主な要因になることは容易に予想できる。たしかにいくつかの制度導入の過程をみると、そのような事例を発見することが難しくない。

たとえば、スウェーデンで社会保険を導入しようとしたさいに、本来、工業化に伴う労働問題への対応の性格が強い社会保険に対して、ドイツのような労働者階級に限定した制度が導入できなかったのは、まさに多数の農民層の存在のためであった（戸原 1984：281-306）。その典型的な例として年金をあげてみると、制度導入の議論が始まったのは 19 世紀末で、実際の導入は 1913 年の国民年金法であるが、その導入までの過程で、労働者階級に限定した職域保険の案が農民層の反対で実現されず、労働者階級と農民層を含む全ての国民を対象とする世界初の国民年金保険が誕生した。医療に関していえば、最初の疾病金庫助成法（1891 年）にみられるように、ドイツ式の強制保険にすることはできず、既存の疾病金庫への国庫補助というかたちになったのも同様の理由からである。次第に国庫負担も加入者も増えていき、やがて全国民を対象とする医療保険制度として成立した（1946 年）。また1930 年代の大恐慌のときに、労働者のための失業対策であった恐慌対策協定（1933 年）が、農業保護政策の強化と引き換えに実現が可能となったことは有名な話である（いわば「裏取引」[4]）。さらにいえば、救貧制度について

みても、そもそも都市貧民の救済の性格が強いこの制度も、農業国スウェーデンでは農村における零細小作農層や住込みの農業労働者などの貧困化、つまり農村の窮乏化への対応としてスタートしたものである（1871年の救貧条例→1918年の救貧法）。

　要するに、スウェーデンなど北欧諸国にみられる社会民主主義レジームにおいて、他のレジームと異なって、労働者階級と農民層の政治的連合が形成された背後には、国民の大半を占める農民層を無視して労働者階級に限定した制度を導入することがそもそも困難であった農業国としての特有の状況があったとみることができる。それは、いいかえれば、資本主義の発展段階として、工業化が本格的に始まる前に、まだ農業人口が広範に存在していたタイミングにおいて制度導入がすすめられたがゆえにあらわれた状況といえる。

保守主義レジーム

　次に、保守主義レジームである大陸ヨーロッパ諸国の状況は、たしかに上記の社会民主主義レジームとは異なっていた。そこにおける階級連合の特徴は、保守勢力が農民層を取り込み、労働者階級が孤立の状況におかれたことである。脱商品化のあり方からすると、この孤立した労働者階級の影響が大きく、労働市場での地位格差を保全するかたちで職域保険中心の制度が導入された。ここに農業国としての北欧諸国とは異なる工業国としての大陸ヨーロッパの特徴をみることができる。

　たとえば、社会保険制度の導入が試みられた19世紀末のドイツの状況をみると、当時は、急速な重化学工業化がすすみ、そこに大量の労働力が早いスピードでかつ急激に吸収される時期であった。この急速な工業化は、「株式会社と企業結合による経済の組織化と労使協調の企業経営」、そして「これらを支援する国家の積極的な経済介入」があって可能であったものである（加藤2006：291）。このような工業化のなかで、旧来から広範に存在していたギルドの伝統が、企業や労使関係また共済組合（金庫）などの諸組織の形成に強く組み込まれていたことはよく指摘される（大内・戸原・大内1966：99-104；加藤2006：291-292）。Esping-Andersenはこのことについて明示的に述べていないが、「国家が特定の地位特権を承認したためか、それとも組織された集団がすべての地位の垣根を越えたより包括的な立法

に組み入れられるのを拒んだためか、いずれの理由にせよ、地位によって差別された無数の社会保険制度を構築する伝統が現れた」(Esping-Andersen 1990：68) という彼の説明は、以上のような急速な工業化を経験したドイツの状況を認識したうえでのものといえる。

　実際、社会保障制度の導入過程をみると、有名なビスマルクの社会保険3部作は、ビスマルク自身の政治的意図はともかく、いずれも古くからのギルドの自主的運営による相互扶助組織に法的強制力を与えることによって成立したものである（足立 1999：16-19；土田 1997；加藤 2006：290；332-333）。疾病保険（1883）と労災保険（1884年）は、同業者共済金庫や企業内共済金庫などのすでに存在していた共済金庫を全労働者に強制適用する方法で導入されたものであるし、障害・老齢年金保険（1989）の場合は、導入当時、最初ビスマルクが提案したのは国家資金を丸抱えする制度であったにもかかわらず、その提案は実現できず、労働者と雇用主の自主的運営を主とするかたちでの制度導入が行われた。

　このようなドイツにおける制度導入の過程は、農業国スウェーデンとまったく異なる様子を示している。また後にみるイギリスの状況とも異なる。急速な工業化のなかで旧来のギルド的伝統を残しながら労働者階級が急成長していくタイミングで、制度導入を推進した工業国としてのドイツの状況がそこに正確に反映されているといえるのである。

自由主義レジーム

　最後に自由主義レジームはどうか。このレジームにおいて脱商品化のあり方を規定した階級構造の最大の特徴は、多数派としての新中間層の存在であり、この階層の要求を自由主義勢力が受け入れたことによって、限定的あるいは最小限の脱商品化政策を導入する方向へと向かったことである。上の2つのレジームと対照してみると、このレジームにおける階級構造の背後にあるものも明らかである。

　たとえば、イギリスについてみると、この国では、産業革命によって世界的にもっとも早く資本主義が発展し、その過程で農民層の解体もまたギルド的伝統の解体も他の国に比べて早くまた徹底的であった。Esping-Andersenが、イギリスに関して、「早い段階から、台頭するホワイトカラー層が政治

的多数派を形成するうえで鍵的存在」(Esping-Andersen 1990：31)となったと述べているゆえんである。たしかにイギリスでは、19世紀の資本主義の自由主義段階を通じて、一方では、資本主義的生産に相応しくない農村部門とギルド的な伝統はほぼ完全に解体してしまい、他方では、自由主義的企業家や個人企業的色彩の強い小規模の企業が多く発達し、また海外への投資を中心とする金融業などのサービス産業も拡大してきた(大内・戸原・大内 1966：122-125)。このような状況のなかで、20世紀初頭の社会保障の導入期には、サービス産業の拡大に伴うホワイトカラー層などの新中間層の成長がみられつつあった。この新中間層といえば、Esping-Andersen(1990：31-32)のいうように、「相対的に市場において恵まれた地位を享受していて、それゆえ、国家からではなく市場をとおして福祉に関する必要を満たすことができる」階層である。このような階層が多数派を占めつつあった社会では、当然ながら「所得の平等化を行うとするプログラムはいかなるものであれ、中間階級のあいだで強い反対にあう」ことになる。このようなことが背景となって、最小限の脱商品化権利を保障する社会保障制度が生まれたといえるのである。

たしかにイギリスで1908年の年金制度の導入のさいに、ドイツ式の職域保険の提案もあったが、それが拒否され一般財源から低所得に限定した給付を行う無拠出老齢年金になったのは、中間層や企業家が新たな保険料負担を嫌ったためであった。1911年に最初に導入された疾病保険もまた厳しい所得制限をおくものであった(加藤 2006：293-295)。

スウェーデンやドイツと比較して考えれば明らかなように、イギリスにおいて、社会保障制度の導入のさいに核心的な課題となったのは、農民層でもなく、伝統的な労働者階級でもなく、新しく台頭する新中間層の要求をいかに入れるかということであった。資本主義の母国として19世紀に資本主義の自由主義段階を徹底的に経験し、20世紀に入りサービス化が始まるタイミングで制度導入をすすめたイギリスの状況が、そこに深く絡んでいるのである。

3 今後の比較福祉国家研究に向けて

3つのレジームと日韓

　以上の福祉レジーム論の再検討から確認できたのは、3つのレジームのあいだにみられる階級連合の違い、そしてそれによって具体化された諸制度の仕組みの違いの要因には、制度導入のタイミングの問題が深くかかわっていることである。単純化していえば、資本主義の発展段階として、工業化が本格的に始まる前に農業人口が広範に存在していたタイミング（スウェーデン）、急速な工業化が始まったタイミング（ドイツ）、そして脱農業がほぼ完了し工業からサービス産業への移行が始まりつつあったタイミング（イギリス）という、それぞれ異なるタイミングで社会保障制度の導入を推進した結果、脱商品化のあり方をめぐる階級連合の構造に相違が生まれ、それによって独自の特徴をもった制度ができあがったといえる。Esping-Andersen の福祉レジーム論の場合、諸階級間の連合構造を明らかにすることによって3つのレジームの相違を説明しているが、その連合形成の要因にまで遡って説明しようとすると、その要因は、それぞれのレジームにおける制度導入のタイミングの相違、具体的には、資本主義のどの発展段階で制度導入が行われたかという問題を抜きにしては説明できないものになるのである[5]。

　ここで繰り返し日韓の経験を取り上げることはしないが、以上のような3つのレジームの背後にある歴史的な事実と、「後発国」の多様性を探った本書の日韓比較分析の結果、すなわち、工業化時代に福祉国家の成立を経験した日本、サービス化時代に福祉国家の成立を経験した韓国という、福祉国家展開のタイミングの相違に起因してそれぞれ異なる特徴をもった福祉国家が成立したという分析とのあいだに、方法論的に強い関連性をもつことをここで強調しておきたい。その方法論的な接点にあるのは、いうまでもなく時間軸の比較視点である。本章での考察はその接点を垣間見たにすぎない。福祉国家展開のタイミングの問題に着目した時間軸の比較視点から、本格的な国際比較研究をすすめることが今後の重要な研究課題である。

今後の課題

　最後に、今後の国際比較のための留意すべきことを2点ほど指摘しておきたい。

　1つは、本書の日韓比較分析との関連で考えて、福祉国家の分析にあたり、社会保障だけでなく雇用保障にも着目すべきであるという点である。第2章で述べたように、そもそも福祉国家のなかで、雇用保障は「労働力の商品化」政策、社会保障は「労働力の脱商品化」政策といえる。福祉国家が資本主義を前提として成立した国家体制である以上、商品化と脱商品化は分離して考えることができないし、本書の日韓比較分析でも明らかになったように、全体としての福祉国家のあり方は、互いに深く関連するその両政策のあり方によって決まってくる。福祉レジーム論の場合、もっぱら社会保障に分析の焦点がおかれているが、今後の本格的な国際比較研究をすすめるにあたり、商品化政策としての雇用保障と脱商品化政策としての社会保障という両軸からなる福祉国家の全体的な仕組みを認識し、その両者のあり方や関連性から各福祉国家の類似と相違を明らかにしていくことが重要であろう。

　もう1つは、本書の分析ではとりあげていない点であるが、上記の雇用保障政策と社会保障政策に加えて、家族政策にも注目すべきである。そもそも福祉国家の両軸をなす雇用保障政策と社会保障政策には、明示的であれ暗黙的であれ、それが前提とする家族像がある。そのため、雇用保障・社会保障政策の展開には、その家族像を守ろうとする、あるいは変えようとする、いうなれば家族政策の推進が随伴されるはずである。逆に、ある種の家族政策の推進によって雇用保障・社会保障政策に変更が求められる場合もありうる。この意味において、家族政策は、雇用保障・社会保障政策とともに、福祉国家のあり方を特徴づける1つの重要な要素であるといえる。[6] この分野で、家族政策に関する研究が行われていないわけではないが、それを福祉国家、具体的にいえば雇用保障・社会保障政策との関連で分析した研究はほとんど見当たらない。今後、雇用保障政策と社会保障政策の関連性のみならず、そこに家族政策を捉える視点を導入し、福祉国家の国際比較研究をすすめていくことが重要であると思われる。

　以上の2点を念頭におきつつ、時間軸の比較視点から福祉国家の国際比較を展開していくことを今後の課題と指摘し、ここでひとまず論を閉じるこ

とにしたい。

注

(1) この引用文は、大沢編(2004)の出版企画の一環として開催された「座談会」で埋橋が発言したものである。

(2) このような福祉レジーム論の仕組みは巧みなものであると評価できる。従来の権力資源動員論をベースにしながらも、単線的なアプローチを超えて諸階級間の連合の構造を分析することによって、脱商品化の多様なあり方を歴史的に解明したことは、比較福祉国家研究における理論的革新でもあったといえよう。もちろん福祉レジーム論の意義はこの点だけではない。比較福祉国家研究に対する福祉レジーム論の理論的貢献に関しては、本書の序章および武川(2007：170-175)を参照されたい。

(3) この点とかかわって、福祉レジーム論における階級あるいは階層問題について簡単に整理しておこう。そもそも福祉レジーム論には、福祉国家を分析する重要な要因として、階級あるいは階層問題が議論全体に横たわっている。それは大きく分けると、次の2つのレベルでの問題と捉えることができる。1つは、権力資源動員論にみられるように、福祉国家の成立前あるいは成立過程において、脱商品化のあり方を規定する要因としての階級構造の問題であり、もう1つは、「階層化のシステムとしての福祉国家」(Esping-Andersen 1990：23-26；Chap.03)という分析にみられるように、福祉国家成立後の展開過程において、脱商品化のあり方によって規定される階級構造の問題である。

　ここで前者を「福祉国家成立前の階層化」の問題、そして後者を「福祉国家成立後の階層化」の問題と呼ぶことができる。福祉レジーム論をみると、福祉国家を分析する重要な指標として脱商品化とともに階層化を取り入れていることからわかるように、後者の「福祉国家成立後の階層化」に関しては、それがいかに形づくられるかというその要因に関して明晰な分析があるが、しかし前者の「福祉国家成立前の階層化」の要因に関しては、大きな関心がおかれていない。

　ちなみに、彼の用いる権力資源動員論は、「福祉国家成立前の階層化」と「福祉国家成立後の階層化」とを媒介する脱商品化のあり方を説明する視点として位置づけられているといえる。このような整理にもとづいて本章の課題をいうならば、「福祉国家成立前の階層化」の要因を探ることである。

(4) 失業保険(1934年)の整備過程においても、同様の状況がうかがえる(戸原1984：302)。すなわち、スウェーデンでは以前から公的失業保険の導入に関する議論がすすめられてきたが、保守・中道勢力の反対のため実現できなかった。そのため労働組合による自主的な失業保険がある程度普及してきたが、1934年には、政治的抵抗の少ない方式として、それら保険金庫に国の助成を与えることで、その発展を促すこととなった。この方式は現在までつづいている。

(5) 資本主義にはいくつかの段階があるというのは、従来の資本主義論の共通認識であった。このような認識から、20世紀を通じてその段階に関する多様な研究が数多く行われてきた。本書の問題関心からすると、段階論とも呼ぶべき従来の資本主義論についての再検討が必要となるが、そ

のさい、次のような山田の指摘に目を向けなければならない。すなわち、従来の段階論は、強い収斂論的認識のため、「同じ段階にある各国資本主義の多様性に関して無頓着であった」か、あるいはその問題は段階論的発想の外部におかれ、「多様性とはすぐれて同時代における各国別の特殊性、……要するに1国1類型論的な多様性論でしかなかった」ということである。この限界を克服すべく、彼は、収斂論に対しては「構造変化論」を、そして1国1類型論に対しては「類型的多様性論」を、その代案的視点として提示している（山田・鍋島・宇仁編 2007：iii）。

　本書の問題関心に照らしていえば、前者が、資本主義の発展段階による産業・就業構造の変化を捉える視点であり、後者が、その変化のタイミングから、福祉国家の展開と合わせたいくつかの類型論的なパターンを見出す視点になる。この両視点を視野に入れて、従来の資本主義論を再検討・再解釈し、比較福祉国家研究のための新しい方法論を構築していくことが、今後の課題である。

(6)　たとえば、第4章で取り上げた韓国の経験に家族政策をみる視点を適用してみると、次のように説明できる。20世紀末以降の韓国における福祉国家整備の過程をみると、まず、雇用保障政策に関しては、西欧諸国の福祉国家整備期にみられた完全雇用政策、つまり「製造業分野を中心とした雇用拡大政策」とは異なり、「サービス産業分野を中心とした雇用拡大政策」が展開された。後者の政策は、前者の政策の前提であった男性稼ぎ主モデルの家族ではなく、共稼ぎ主モデルの家族を前提とせざるをえず、そのため次に、社会保障政策では、世帯主としての男性労働者を中心とした「職域ごとの労働者保険」ではなく、国民個々人を全国統一的な制度からカバーする「単一型の国民保険」を構築することとなった。ここで重要なのは最後に、この雇用保障・社会保障政策の展開と連動して、「男性稼ぎ主モデルを支援する家族政策」ではなく、「共稼ぎ主モデルを支援する家族政策」が積極的に推進されていることである。このようなそれぞれの政策の特徴とその関係性またそこから明らかになる全体としての福祉国家の特徴についての因果関係的分析を今後の課題として指摘したい。

付章1
韓国における雇用保障政策
―― 「21世紀型完全雇用政策」

はじめに

　本章では、20世紀末に遅れて福祉国家化に乗り出した韓国が選択した、あるいは選択をせざるをえなかった雇用保障政策のあり方を、「後発国」の文脈から検討することを目的とする。より具体的にいえば、20世紀前半の戦間期あるいは戦後すぐに福祉国家の成立を経験した「先発国」における雇用保障政策、なかでも完全雇用政策との比較から、韓国の雇用保障政策の特徴を明らかにする。

　このような問題関心は、韓国の福祉国家に関する従来の研究ではほとんど注目されることがなかった。多くの研究が、雇用保障と社会保障という福祉国家政策の両軸のうち、主に後者の社会保障のみに分析の焦点をおいてきたからである。もちろん、生産主義福祉資本主義論（Holliday 2000；Holliday & Wilding 2003）や開発主義福祉国家論（Kwon 2005；鄭武權 2006；チョン・ムグォン 2007）などでは、経済開発政策のような雇用関連の政策を取り上げることはあった。しかしそこにも重大な問題がある。

　すなわち、それらの議論で分析している経済開発政策は、あくまで経済の拡大や産業の発展あるいはそれによる先進国へのキャッチアップをめざすものであって、「雇用の創出と拡大を最大の目標とした経済成長政策＝完全雇用政策」ではない。この完全雇用政策は、資本主義の歴史的な展開過程に

おいて、福祉国家の整備段階ではじめてあらわれるものであり（宅美 1994；馬場 1997）、社会保障と並んだ雇用保障として、福祉国家の核心政策に位置づけられるものである（Mishra 1999；岡本 2007；田多 2010）。この意味において、生産主義福祉資本主義論や開発主義福祉国家論で取り上げている経済開発政策は、福祉国家が整備される以前のものといえるが、それを福祉国家における完全雇用政策と比較することはできない。韓国で完全雇用政策と比較できる、つまり雇用の創出・拡大を最大の目標とした雇用保障政策がはじめてあらわれたのは、やはり福祉国家が成立した 20 世紀末以降のことである。

このような問題関心にもとづいて、まず第 1 節においては、韓国で福祉国家が成立した 20 世紀末以降における雇用保障政策の展開過程を概観する。次に第 2 節では、雇用保障政策の具体的な内容を検討する。最後に第 3 節では、国際比較的な視点から韓国の雇用保障政策の特徴を整理しつつ、それを、「20 世紀型完全雇用政策」とは異なる「21 世紀型完全雇用政策」として位置づける。

1　雇用保障政策の展開

周知の通り、韓国は 1990 年代末のアジア金融危機に発生した大量失業・貧困問題をきっかけとして、雇用保障と社会保障とにかかわる諸制度・政策を整備し福祉国家化に乗り出した。雇用保障としては公共勤労事業や創業支援また企業への雇用支援金の支給などが中心で、社会保障としては雇用保険と公的扶助の改革また国民皆保険・皆年金体制の整備などが中心であった。その具体的な中身は第 3 章と第 4 章で紹介している。そこでも述べたように、後者の社会保障が危機をきっかけとした制度の体系的整備であったとすれば、前者の雇用保障は、危機克服のための応急的あるいは臨時的装置であったといえる。たしかに危機から抜け出した 2000 年代初頭に入ると、公共勤労事業や創業支援また企業への雇用支援金などの雇用保障政策は、この頃から縮小あるいは廃止されていく。

しかしながらその後、経済のグローバル化による国際競争の深化とそれに

対応するかたちでの労働市場の柔軟化や企業の構造調整が激しくすすめられるなか、雇用情勢は改善されず、むしろ悪化一辺倒となっていた。とくに非正規職など不安定な雇用の増加やそれによる所得分配の悪化などが深刻な社会問題となり、そこで政府はその問題に対処するために、ふたたび各種の雇用保障政策を打ち出すことになった。「中期雇用政策基本計画」(2003年)、「雇用創出総合対策」(2004年)、「国家雇用戦略」(2006年)、「経済難局克服総合対策」(2008)などをつぎつぎと樹立・推進していき、最近では、それらの諸対策をふまえて「国家雇用戦略 2020」(2010年)の発表に至っている。これらの諸政策・戦略は、何より、中長期計画にもとづく経済成長政策によって、より積極的に雇用の場を拡大しようとする雇用創出政策であるという点で、危機のさいの応急的あるいは臨時的装置とは明確に区別されるものである。

冒頭でも述べたように、本章で注目したいのは、このような雇用創出・拡大政策の展開にみられる韓国の雇用保障政策の特徴は何かという点である。しばしば福祉国家の核心政策として、社会保障政策とともに完全雇用政策が取り上げられるように（Mishra 1999；岡本 2007；田多 2010）、福祉国家の整備過程で、高成長部門の産業に対する保護育成政策によって経済成長をはかりながら、そこでの雇用を創出・拡大することで完全雇用がめざされるのが一般的である。上記の韓国の政策も基本的にはそうであった。しかしながら、その具体的な中身は、他の先進諸国にみられた完全雇用政策とは異なるものであった。前もって指摘しておけば、20世紀の製造業を中心とした工業化時代に福祉国家化に乗り出したそれらの国とは異なり、韓国の場合は、その時代が終わりつつ、脱工業化あるいはサービス化時代に福祉国家化に乗り出したがゆえに、それらの国々とは異なるあり方の政策をとらざるをえなかったことになる。

このような点を念頭におきながら、以下では、主に 2000 年代以降における雇用創出・拡大政策を中心に韓国の雇用保障政策の展開過程とその内容を詳しく検討することにする。

2 雇用創出・拡大政策の中身

(1)「雇用創出総合対策」

　上述したように、2000年代初頭以降になると、アジア金融危機のときの臨時的な失業対策事業を超えて、中長期計画にもとづくさまざまな雇用創出・拡大政策が展開されることになる(3)。それが本格的にはじまったのは2003年以降である。

　2003年は、1998年から2002年までの金大中政権が終わり、新しく盧武鉉政権（2003～2007年）が登場した時期であった。同政権は、執権初期から「雇用創出を政府政策の最優先課題と設定する」（労働部 2005：3）という目標をあげながら、そのための各種計画や対策を発表していった。2003年後半に「中期雇用政策基本計画」（2003年10月）を発表し、同年末には「雇用づくり社会協約基礎委員会」（同年12月）を設置して、労使政のあいだで雇用創出のための本格的な議論をはじめた。翌年の2004年初頭には、委員会での議論にもとづいて「雇用づくり社会協約」（2004年2月）を締結するとともに、国政の核心政策として「雇用創出総合対策」（2004年2月）を発表した。

　その後、同対策にもとづいて、さまざまな事業・政策が展開されるなか、2006年には、単に雇用の分野だけでなく、それと福祉や教育の分野との連携によって「成長－雇用－分配の好循環構造」をつくりだすことを目標とした、より包括的な政策構想として「国家雇用戦略」（2006年11月）を発表する。ただし、同戦略のなかに示された雇用政策の大部分は、2004年の「雇用創出総合対策」に準ずるものであった。

　ここで、政府の報告書から2004年の「雇用創出総合対策」の具体的な内容を検討してみよう（関係部処合同 2004）。

　報告書は、同対策を樹立するに至った主な背景として、「労働節約的な技術進歩、産業構造の変化などによって成長にともなう雇用創出能力が弱体化している」という、「雇用なき成長」ともいえる雇用情勢の悪化を指摘する。このような雇用情勢のなかで、「経済成長が自ら雇用を生み出すという従来

の思考から離れて、経済・労働政策全般を雇用創出の観点から再検討しなければならない」という同対策の基本的な問題意識を提出している。そのうえで、「製造業や農業における雇用の需要は著しく減少し、他方で、サービス産業における雇用の需要が増加している」という現状認識を行い、そして今後も「サービス産業が主導する雇用創出構造が持続していく」という将来展望を示しながら、具体的な政策構想を見出している。

表付章 1-1 は、報告書にもとづいて同対策の基本構想を整理したものである。簡単にみてみると、対策全体は、経済成長政策および産業育成政策を通じて民間企業における雇用の創出を促す「雇用創出動力の拡充」という政策領域を主軸として設定し、それを補完するかたちで、政府の財政支出を通じて直接的に雇用を提供する「追加的雇用の発掘」という政策領域を副軸として設定している。そして、おのおのの政策領域における具体的な政策課題として、前者においては、「産業構造の高度化とそれによる経済成長」を目標に「サービス産業において雇用を最大限に創出し、既存基幹産業の競争力強化によって製造業の雇用を維持する」こと、後者においては、「経済・社会

〈表付章 1-1〉「雇用創出総合対策」(2004 年 2 月) の基本構想

政策領域	政策課題	主要政策・事業内容
雇用創出動力の拡充	サービス産業の競争力強化	物流・流通などの事業支援、IT 基盤新産業や文化・観光・レジャー産業の育成
	既存基幹産業の競争力強化	電子・半導体・自動車などにおける新技術開発の支援、中小・ベンチャー企業の育成、SOC 建設投資の拡大
	新成長動力の基盤拡充	規制緩和などによる外国人投資誘致の強化、地域別産業クラスターの造成による地方での雇用創出
追加的雇用の発掘	ワークシェアリングの推進	中小企業労働時間短縮や交代勤務制の支援金支給
	中小企業への就業誘導	中小企業専門職活用の奨励金支給や中小企業労働環境改善の支援金支給、中小企業の長期勤務者に対する各種優遇措置
	社会・福祉分野での雇用創出	教育・保健・福祉・環境サービス分野における社会的雇用への財政投資、自活勤労事業の拡充

出所：関係部処合同 (2004) から筆者作成

環境の変化に対応した追加的な雇用の発掘」を目標に、「ワークシェアリングを支援し、中小企業への就職を誘導し、……社会・福祉分野における雇用を拡充する」ことが示されている。それぞれの政策課題における主要政策・事業の内容については表付章1-1を参照されたい。

　以上のような構想からなる「雇用創出総合対策」であるが、それのもつ主な意義あるいは特徴は次のように整理できよう。

　まず第1に、同対策によって、従来とは異なり、政府の積極的な雇用創出・拡大政策が推進されるようになったことが大きな意義をもつ。上でも指摘したように、これまで韓国政府は、雇用の創出と拡大を最大目標とした政策を推進したことはない。1960年代前半からの経済開発5カ年計画、1982年からの経済社会発展5カ年計画、また1993年からの新経済開発5カ年計画などをみると、一貫して「先成長・後分配」という原則が貫徹されていて、そこに戦後の先進諸国に共通してみられた「ケインズ主義と略称される、財政金融政策を通じた雇用維持拡大思想」（馬場1997：225）はけっして見当たらない。1950年代半ばから本格的にはじまった日本の長期経済計画（1955年の経済自立5カ年計画や1960年の国民所得倍増計画など）のなかで、完全雇用が最大の政策目標としてあげられていたこととも、非常に対照的である。しかしここにきてはじめて、韓国政府は従来の考え方から離れて、雇用創出を政府政策の最優先課題として掲げることになったのである。

　第2に、このように政府が積極的に雇用創出政策に乗り出すこととなった背景にも注目すべきである。それは「雇用なき成長」である。たしかに当時、同報告書のみならず、政府機関の経済・労働関係の各種白書や研究機関の調査・研究報告書のなかで、韓国における雇用情勢の長期的な趨勢として、「雇用なき成長」が指摘されていた。アジア金融危機後に経済成長率や失業率などの各種経済指標が急速に回復に転じたものの、就業率つまり経済活動人口に占める就業者の割合は、回復どころか、むしろ悪化しつつある状況がみられたからである。[4]その主な要因としては、経済のグローバル化によって国内製造業の衰退が顕著にあらわれ、それによって急速な脱工業化あるいはサービス化がすすんでいたことがあげられる（ジョン・ビョンユほか2005a；2005b；ホ・ジェジュンほか2007）。いずれにせよ、この「雇用なき成長」の

問題への対応が当時、政府のもっとも重要な課題の1つとして登場したわけであり、「雇用創出総合対策」は、そのために打ち出されたものなのである。

　第3に、このような背景から生まれた「雇用創出総合対策」では、雇用の創出と拡大のための具体的な政策課題として、サービス産業の育成や発展がその核心目標として取り上げられていた。「雇用なき成長」という雇用情勢からも示されているように、同対策が打ち出された21世紀初頭は、製造業の衰退とサービス化がすすむ時代に突入していた。このような状況のなかで、雇用の創出を、かつての製造業ではなく、新しく台頭するサービス産業に求めざるをえなくなったのである。たしかに上記の「サービス産業における雇用を最大限に創出し、既存基幹産業の競争力強化によって製造業の雇用を維持する」という政策課題にもみられるように、サービス産業に対しては積極的な雇用創出の期待が示され、他方で、既存の製造業に対しては雇用維持という消極的な期待しか示されていない。

　以上のような特徴をもって2004年から推進された「雇用創出総合対策」のなかには、「2008年まで200万の雇用創出」という具体的な数値目標も提示され、この目標の達成に向けて、その後さまざまな政策や事業が展開されていく。その過程で、同対策の核心政策としてとくに注目されるようになったのが、以下でみる「社会的雇用」事業である。この事業からは、上記の諸特徴にくわえ、「雇用創出総合対策」のさらに重要な意味を見出すことができる。

(2) 核心政策としての「社会的雇用」事業

　「社会的雇用」事業は、保健福祉、環境、文化・教育などの社会サービス分野において、雇用を創出・拡大していく事業をさす[5]。同事業は、2003年の後半から徐々にはじまったものであるが、「雇用創出総合対策」の実施初期から、当時の産業構造や労働市場の状況を反映するかたちで、同対策の主要政策として注目されるようになった。『2004年版労働白書』には次のように述べられている。

　　政府では、2008年までに200万人の雇用先を創出することを、国政

の主要目標として推進している。しかしながら、近年、我が国の経済成長率は持続的な減少趨勢にあり、IT技術の発達、産業構造の変化および企業の常時的構造調整などによって、民間企業の雇用創出力は著しく弱まっている。その一方で、現代社会は急速な高齢化および女性の経済活動参加によって、福祉、看護・介護、保育・託児などのサービスに対する需要が急増しており、このような社会サービス分野は、製造業より雇用吸収力がはるかに高いにもかかわらず、我が国の場合、この分野における雇用が他の先進国より非常に低い状況である。よって、民間企業と公共部門では創出しにくい社会サービス分野での雇用を非営利団体を通じて創出する積極的な雇用政策として、社会的雇用の創出事業を実施している。(労働部 2004：141)

このように、民間企業における雇用の拡大が大きく期待できない経済的状況のなかで、またサービス産業、とくに社会サービス分野に対する需要が増えている社会的変化を反映するかたちで、それら社会サービス分野における雇用創出策として、「社会的雇用」事業に期待が寄せられることとなったのである。この「社会的雇用」事業は、主に社会サービスを提供する非営利団体に財政的支援を行うものであった。『2005年版労働白書』においても「わが国に不足している社会サービス分野を育成・支援し、国民の生活の質を向上させるとともに雇用を創出する「社会的雇用」事業が、最近、新しい概念の雇用政策として強調されている」(労働部 2005：24)とされ、その後も同事業の重要性はますます増していく。

実際、2003年後半に労働部を中心としてスタートした同事業は、2004年には教育部、保健福祉部、女性家族部、文化体育観光部、環境部が加わり5つの部処（日本の省庁に相当する）で取り組むことになり、2005年には7つ、2006年には8つ、そして2007年には11の部処まで拡大した。政府の財政面における支出拡大も著しい。2003年には73億ウォンであったが、2005年には1、691億ウォンへ、2007年には1万2、945億ウォンへと、この5年間に財政支出の増加はおおよそ180倍にも達している（労働部 2007：39）。この大幅な財政支出の増加からして、この「社会的雇用」事業が、盧武鉉政権の雇用創出・拡大政策における核心政策の1つであっ

たとも評価されている。(ユン・ヨンジュン／ソ・ジェマン 2010)

　その代表的な事業内容は**表付章1-2**に紹介しているが、ここで重要なことは、「雇用創出総合対策」の核心政策としての「社会的雇用」事業が、じつは、同対策のなかで主軸として設定していた「雇用創出動力の拡充」、つまり「サービス産業部門における産業育成政策を通じて民間企業による雇用の創出を促す」という政策領域ではなく、それを補完するかたちで副軸として設定していた「追加的雇用の創出」、つまり「政府の財政支出を通じて直接的に雇用を提供する」という政策領域のものとして行われていたということである。当初は、「社会的雇用」事業に対しても、民間企業の役割を強調することもあったが、「社会サービス部門は、……市場失敗の可能性が高いため、政府の政策的介入が適切に行われる必要がある」(労働部 2006：43)という認識が強まり、社会サービスを提供する非営利団体の人件費や事務・運営費に対する政府の財政支援が強調されるようになった。副軸に属していた「社会的雇用」事業が、むしろ同対策の核心になったわけである。このようにみると、「雇用創出総合対策」は、その出発の段階においては、経済成

〈表付章1-2〉「社会的雇用」事業の推進内容

類型		事例
自立志向型		・社会的雇用創出事業
社会サービス提供	障害者支援	・障害児教育補助員事業、障害児巡回教育支援、大学障害学生ヘルパー支援（教育部） ・重症障害者活動補助（保健福祉部）
	保育・教育	・地域児童センター運営事業（保健福祉部） ・保育施設支援、子育てヘルパー、脆弱階層家族養育（女性家族部） ・放課後教育（教育部）
	看病	・訪問ヘルパー事業、独居高齢者ヘルパー派遣、高齢者ヘルパー・バウチャー、産母・新生児ヘルパー（保健福祉部）
	環境	・生態優秀地域雇用創出（環境部） ・森整理事業（山林庁）
	分化・体育	・演劇国楽映画パート講師、脆弱階層分化芸術教育、生活体育指導、高齢者体育活動支援、図書館など文化施設延長運営（文化体育観光部）
	青少年支援	・青少年放課後支援、青少年同伴者プログラム、青少年指導人材運営（青少年保護委員会）
	その他	・地域福祉サービス核心事業（保健福祉部）

出所：労働部（2007）から筆者作成

長政策および産業育成策を通して民間企業による雇用の創出を促すということを目標としていたものの、実際には、政府の財政支出による直接的な雇用の提供が中心となって展開されたことになる。これは、製造業を中心とした工業化時代とは異なり、サービス化時代において雇用を創出・拡大しようとするときの、政府のやむを得ない政策選択であったといえよう。

(3)「社会的企業育成法」の成立とその後の展開

2003年後半以降、各種の「社会的雇用」事業が展開されるなか、それらの事業が安定的で持続的な雇用ではなく、政府の財政に依存した低賃金・短期間の雇用しか創出できないという批判も提起された（労働部 2007：39；労働部 2011：62）。そこで政府は、社会サービスを提供する非営利団体への個別的な支援ではなく、諸団体間のネットワークによる「広域型事業」や民間企業との協力による「企業連携型プロジェクト」などの新しい事業を実施しながら、このような事業を持続可能な雇用創出政策へと発展させようとし、ヨーロッパの社会的企業モデルを取り入れた「社会的企業育成法」の制定を推進することとなった。[8]

2005年に労働部を中心に他の関係部処と民間専門家などから構成される「社会的雇用タスクフォースチーム」を設置し、十数回にわたって議論を重ね、同年末に法案をつくりだした。2006年にはそれを議員立法として推進しながら、また新しく「社会的企業育成戦略」を発表するなどのプロセスをへて、翌年の2007年初頭に「社会的企業育成法」の成立に至った（2007年7月施行）。

この法律の制定によって、「社会的雇用」事業がより本格的に展開されることとなったが、何より重要なことは、社会的企業がその「社会的雇用」事業を含む雇用創出・拡大政策の主な担い手となったことである。その後、以前からの「社会的雇用」事業を持続しながらも、社会的企業に対して人件費や運営費はもちろん、設立・運営に必要な敷地購入費・施設費の支援、法人税・所属税の減免、経営コンサルティング等々の育成・支援政策を通じて、そこでの雇用を創出し拡大していくことが、政府の主要政策目標となっていく（労働部 2009：511-513）。

ところで、2008年になると、政権が代わり李明博政権が登場した。同政権においても、依然として雇用情勢の回復がもっとも重要な政策課題として取り上げられていた（労働部 2010：15）。ただし、2008年の政権交代は、与野党間の政権交代ということもあって、李明博政権の政策基調は、以前の盧武鉉政権とは非常に異なっていた(9)。とくに「韓国型ニューディール」ともいわれた広域経済圏の開発やそのためのインフラ構築、また道路・港湾の開発などの政策推進にみられるように、政府の財政支出による直接的な雇用の提供をできるだけ回避しつつ、経済成長や景気の活性化をすすめることで民間企業による雇用の創出と拡大がめざされていた。そこには、工業化時代における経済開発政策の色合いも強くみられていた。

　しかしながら、2008年後半に発生したリーマンショックによって雇用情勢が急激に悪化してしまい、そこで政府は「経済難局克服総合対策」（2008年11月）を発表するとともに、大規模の財政投入による応急的な失業対策へと、政策方向を急旋回しなければならなかった（ユン・ウンジュン／ソ・ジェマン 2010：25-26）。「希望勤労事業」と名づけられた短期的な失業対策が、その中心となって展開されたが、その一方では、「経済危機によって民間企業の雇用創出能力が低下し、また短期的な失業対策も限界を呈している現時点で、雇用創出政策としての社会的企業が大きな意味をもつ」（労働部 2010：49）という認識のもとで、以前からの「社会的雇用」事業や社会的企業に対する財政支援を大幅拡大し、また事業の規模も種類も増やしていった。

　2010年になると、雇用情勢がある程度回復したという判断から、これまでの失業や雇用関係の諸事業・政策を再整備しつつ本格的な雇用創出・拡大政策の樹立・推進に取り組んだ。毎月「国家雇用戦略会議」（2010年1月から）を開催し、その成果として2010年前半には「2010雇用回復プロジェクト」をまとめ、後半にはそれをふまえて、同政権の雇用創出政策の核心戦略として「国家雇用戦略2020」を発表するに至る。

　「国家雇用戦略2020」における第1戦略として「雇用親和的経済産業政策」が示され、その戦略の推進のための重要な課題として「社会的企業の育成」が位置づけられていることは注目に値する（労働部 2011：42-43）。この間、「韓国型ニューディール」のような李明博政権の経済・産業政策に対

して、「市場万能主義」や「環境破壊」といった批判、また経済のグローバル化やサービス化の時代におけるその実効性に対する疑問が寄せられるなか、前政権から推進してきた社会的企業に対して再評価をすることになったと思われる。

実際、同戦略の推進のなかで、社会的企業の発掘・育成のための「韓国社会的企業振興院」という専門機関を設置したり（2010年12月31日設立、2011年1月17日業務開始）、地方自治体に社会的企業の育成と支援に関する条例の制定を促進したり、さらには、いままでの各種支援政策にくわえ、中小企業経営支援のための財政の一部を社会的企業へと回したりするなど、社会的企業に対する各種の支援・育成政策が、前政権と同様あるいはそれ以上に活発に展開されてきている（労働部 2011：63-64）[10]。

3 「20世紀型完全雇用政策」と「21世紀型完全雇用政策」

要約

以上では、2000年代に入ってから韓国で活発に展開された雇用創出政策をみてきた。その展開過程を簡単にまとめると次のようである。

1990年代末のアジア金融危機によって発生した失業・貧困問題をきっかけに、韓国は雇用保障と社会保障を両軸とする福祉国家の整備に乗り出した。雇用保障にかぎってみると、危機がある程度収まった2000年代初頭に入って、危機のさいの応急的で臨時的な失業対策事業は、中長期計画にもとづく経済成長政策によってより積極的に雇用を創出・拡大しようとする雇用創出政策へと転換していく。その代表的なものが2004年の「雇用創出総合対策」であった。同対策は、当時の経済や産業構造を反映するかたちで、サービス産業部門を中心とした経済成長政策および産業育成政策を通じて、民間企業における雇用の創出・拡大を目標としてスタートした。同対策の展開過程のなかで、核心政策としてとくに注目されたのは、社会サービス分野における雇用を創出する「社会的雇用」事業であったが、ただしこの事業の運営は、社会サービスというその性質上、民間企業の経営には任せるわけにいかず、政府の財政支援に頼るしかなかった。社会サービスを提供する非営

利団体に対する莫大な財政投入によって「社会的雇用」事業が展開されるが、2007年には、それを持続可能なものにするための「社会的企業育成法」の制定によって、社会的企業が雇用創出政策の重要な担い手となる。2010年には、社会的企業の育成・支援政策を重要課題の1つとする「国家雇用戦略2020」が発表され、今日に至るまで、その社会的企業に対する各種の支援・育成政策とともに、そこでの雇用の創出と拡大をめざす雇用創出政策が活発に展開されてきている。

「韓国型完全雇用政策」の特徴

　それでは、以上のように展開されてきた韓国の雇用創出政策はいかに特徴づけられるのであろうか。多くの先進諸国が、20世紀前半以降の福祉国家化の過程に、雇用創出政策として推進した完全雇用政策と、20世紀末に福祉国家化に乗り出し、21世紀初頭に入って本格的に展開された韓国の雇用創出政策とは、明らかに異なるものであった。両方とも、雇用の創出・拡大を最大の目標としつつ完全雇用をめざしたという点では共通しており、この意味において、韓国の雇用創出政策も一種の完全雇用政策であったといえる。しかしながら、具体的な政策内容からは重要な違いを見出すことができる[11]。

　第1に、どの部門において雇用の創出や拡大がはかられたかという点である。雇用の場を拡大するためには、当然ながら、その時のリーディング産業を育成し発展させなければならない。西欧諸国や日本で完全雇用政策が本格的に展開された戦後のリーディング産業は、いわゆる重化学工業を中心とした製造業であった。その製造業部門に対する各種の保護育成政策を行うことによって経済を成長させ、そこでの雇用の創出と拡大をめざすのが、戦後の完全雇用政策の核心であった。いうまでもなくこのような完全雇用政策は、工業化時代であったからこそ推進できた政策である。しかしながら、西欧諸国や日本に比べてはるかに遅れて、サービス化時代に福祉国家化に乗り出した韓国においては、そのような工業化時代の政策を選択できる余地はまったくなかったといってよい。「雇用創出総合対策」にみられるように、韓国の完全雇用政策は、サービス産業部門を中心にそこでの雇用創出・拡大をめざすものであった。

　第2に、このような雇用創出や拡大の重点部門の違いは、当然ながら、

雇用創出の担い手の相違としてもあらわれる。戦後の完全雇用政策の重点分野である製造業部門、なかでも重化学工業分野は、巨大産業であるがゆえ、主に株式会社形式を採用した大企業が中心であった。この民間の大企業に対して、政府は資金調達のための金融財政政策、税制上の優遇措置や貿易融資、製品の生産・管理のための工業用地の提供まで、多様な保護育成政策を行い、さらにその大型化をはかりつつ、それらの大企業を主な担い手とした雇用の創出と拡大をすすめた。これに対して、韓国の完全雇用政策の主な担い手は、サービス産業なかでも社会サービス分野のいわゆる非営利団体、後には社会的企業であった。上記のように、それに対する人件費や運営費、設立・運営に必要な敷地購入費・施設費の支援、また法人税・相続税の減免など、さまざまな支援・育成政策によって雇用創出がはかられるが、その雇用創出の担い手としての社会的企業は、民間企業でもなくまた政府機関でもなく、いうならばサードセクターとして位置づけられるものである。

　第3に、重化学工業を中心とした製造業部門で雇用の拡大をめざしていた戦後の完全雇用政策のなかには、「経済成長」という政策理念が強く抱えられていた（馬場 1997：3；211；225）。しかしながら、サービス産業部門とくに社会サービス分野での雇用の拡大をはかる韓国の完全雇用政策には、その経済成長という政策理念が入り込む余地がなかった。もちろん、「雇用創出総合対策」の当初の政策構想には、サービス産業の育成保護政策による経済成長という目標が含まれていたが、すでにみてきたように、社会サービス分野を中心に、しかも社会的企業といったサードセクターが担い手となって展開された政策に、工業化社会でみられたような経済成長は期待しにくい。李明博政権では、社会的企業の運営に対して「競争」や「効率」または「市場」の原理を導入しようとする動きもみられていたが、社会サービスの分野である以上、その実現可能は未知数である。それらの原理を入れたとしても、社会サービス分野で経済成長が導かれるとは考えられにくい。さらにつけくわえるならば、経済成長が見込めないかぎり、そこから生まれる雇用の質もまた持続可能性も問われることになるだろうが、この問題についての詳しい検討は別稿に委ねたい。

　以上のように、韓国の完全雇用政策と西欧諸国や日本などの先進諸国でみられた完全雇用政策とでは、雇用創出・拡大の重点部門、その担い手、そし

て経済成長という政策理念の有無やその実現可能性の可否などといった側面において、大きな違いがみられる。その他の先進諸国の完全雇用政策との対比でみる韓国の完全雇用政策の特徴は、一言でいうと、サービス産業部門においてサードセクターを担い手とした、経済成長の政策理念を含まない（含めない）雇用創出・拡大の政策ということができる。「韓国型完全雇用政策」ともいうべきこれらの特徴は、いうまでもなく、韓国が他の先進国に比べて遅れて福祉国家化に乗り出した「後発国」であったがゆえにあらわれたものなのである。[12]

　現在の時点で、以上のような後発福祉国家としての韓国の完全雇用政策を、先発福祉国家でみられた完全雇用政策のように一般化することは難しいかもしれない。しかしながら、本章でみてきた韓国の経験が明らかに示しているのは、グローバル化によって重化学工業を中心とした国内の製造業が衰退しつつある21世紀のサービス化時代において、政府が政策として雇用の創出と拡大をはかろうとした場合、20世紀の工業化時代における完全雇用政策のような政策をとることはけっしてできないし、仮にとったとしてもその実効性を担保することはできない、ということである。この意味において、本章で検討した後発福祉国家としての韓国における完全雇用政策のあり方は、先発福祉国家にみられた、いうならば「20世紀型完全雇用政策」とは明確に区別される「21世紀型完全雇用政策」として位置付けてよいであろう。

注

(1) この点については環日本海経済研究所（2010）の第1・2章、横田（2011）などを参照されたい。

(2) R. Mishra（1999：18）は、「完全雇用が戦後の福祉国家の核心的な土台であったことは、論証の必要もないたしかな事実である。そしてそれは貧困を除外するためのベヴァリジ福祉改革の基本的な仮定の1つでもあった」と述べている。

(3) じつは、危機直後の1998年から「総合失業対策」が毎年更新・実施されるなか、2000年代初頭に入ると、その対策の方向転換が求められていた。2002年の「総合失業対策」には次のようなことが述べられている。「1999年以降、失業状況は安定化している。しかし……若年層の失業率の増加、常用勤労者の減少および臨時・日雇勤労者の増加、長期失業者の増加などは改善されていない。政府はこのような労働市場の状況を考慮して、2002年の失業対策の基本方向を、……これまでの『量的な失業減少』という失業対策から『質的な雇用安定』にもとづく雇用安定対策へと転換する」（労働部 2003：21；127）。ここにみられるように、2000年代初頭に入って、アジア金融危機のさいに失業対策事業として行われていた短期的な雇用の提供ではなく、持続的で安定的な雇用の創出が重要な政策課題として登場していたといえる。

(4) アジア金融危機から最近までの就業率の推移を簡単に紹介しておこう。アジア金融危機によって56.4%まで落ち込んだ就業率は、その後急回復したものの、危機前の水準には至らず、59%台にとどまっている。若年層の状況はさらに悪い。すなわち、15～29歳と15～29歳とも、2000年代に入り就業率が年々下がっており、2010年の時点で、それぞれの年齢層で23.0%と40.3%となっている。アジア金融危機の真っ只中の1998年に27.1%と40.6%であったことからすると、今日の方がより深刻な状況になっている。ちなみに、この若年層の就業率はOECD諸国のうち最低の水準である。

(5) 労働白書によれば、「社会的雇用は、社会的に有用であるが、低い受益性のため市場では十分に供給できない社会サービス分野での雇用を意味し、主要事業分野としては労働、安全、保健福祉、環境、文化・教育などがある」とされる（労働部 2004：141）。なお、「社会的雇用」について日本語で書かれた論文としては株本（2006）がある。

(6) 具体的には表付章1-1の、「追加的雇用の発掘」の政策領域における「社会・福祉分野での雇用創出」の政策課題のうち、「教育・保健・福祉・環境サービス分野における『社会的雇用』への財政投資」にあたる。

(7) 「雇用創出総合対策」の基本構想においては、社会サービス業の競争力強化のために、「教育・保育・医療などの社会サービス業は、進入・価格規制緩和などを通じて開放と競争を拡

大する」という目標が述べられている（関係部処合同 2004：6）。

(8)　雇用労働白書（2011：62）によれば、「社会的企業とは、社会的目的を優先的に追求し、財貨・サービスの生産・販売などの営業活動を遂行する組織である」と定義されている。

(9)　この点については金成垣（2008b）および金成垣編（2010：第 14 章）を参照されたい。

(10)　2007 年から 2010 年まで、雇用労働部から認定を受けた社会的企業は 514 社（このうち、廃業企業は 13 社）である。そこに雇用されている人は、2010 年の時点で 1 万 2,146 人である（雇用労働部・社会的企業研究員 2010：14-16）。

(11)　以下の西欧諸国や日本の完全雇用政策についての記述は、主に馬場（1997）と田多（2010）を参照している。

(12)　第 3 章と第 4 章で詳しく検討しているように、日本における雇用保障政策は、西欧先進諸国のそれと異なる特徴をもつものである。本章では韓国の雇用保障政策の特徴を浮き彫りにすることを目的としていたため、日本の雇用保障政策についての言及はできるだけ避けることとした。それについては、第 3 章と第 4 章の分析を参照されたい。

付章 2
福祉国家化以降の韓国社会
──「過酷な現在・不安な将来」

はじめに

　韓国は、1990年代末のアジア金融危機によって発生した未曾有の失業・貧困問題に対応して、雇用・社会保障とかかわるさまざまな制度・政策を整備し、福祉国家化に乗り出した。この福祉国家化によって、2000年代前半に予想以上に早く危機を乗り越え、経済的にも社会的にも安定を取り戻すかのようにみえた。しかしながらその後、この10年間の状況をみると、どうしても安定とはいえない、むしろ国民の生活が深刻な危機にさらされているような状態がつづいてきている。一言でいうと、「過酷な現在・不安な将来」といった状態である。

　本書においては、まず第1節で、全体の背景として1990年代末以降にみられた韓国の福祉国家化の状況を概観した後、次に第2節で、国際比較可能なデータから「過酷な現在・不安な将来」といった、福祉国家化以降の韓国社会の現実を明らかにする。最後に第3節では、そのような現実をもたらした要因について比較福祉国家研究の視点から考察を行う。

1 福祉国家へ、そして格差社会へ

 1990年代末に、「IMF危機」と呼ばれたアジア金融危機によって大混乱に陥っていた韓国は、2000年代前半になると、早いスピードで危機から抜け出した。危機のさいにマイナスを記録した経済成長率は4〜5％台へと回復し、失業率も9％近くまで上がったのが2〜3％台へと戻った。IMFからの莫大な救済資金も素早く返済でき、国内の新聞やテレビなどでは「IMF早期卒業」が大きく報道されるようになった。当時、「失われた10年」がいわれていた日本で「韓国に学べ」という声が聞こえていたことは記憶に新しい。

 このように韓国が「IMF早期卒業」できた要因に関してはさまざまな議論があるが（金基元2002；イ・ギュソン2006；パク・ヨンチョル2008；ウン・スミ2009ほか）、危機のさいの大混乱、とくに前例のない大量失業・貧困問題に迅速に対処し国民の生活を安定させたもっとも重要な要因としては、危機の真っ只中ですすめられた福祉国家化をあげることができる。雇用保障と社会保障にかかわる諸制度・政策の整備によって、当時、「福祉国家の成立」がいわれていたのは周知の通りである。

 ところで、韓国が危機から抜け出したばかりの2000年代前半以降に、韓国で格差問題が深刻な社会問題として登場したことは興味深い。当時、経済成長率や失業率など、経済の全般的な状況は回復の傾向に転じたものの、その一方で、相対的貧困率や所得分配率など、格差を示す各種指標が危機前よりむしろ悪化している状況がみられていたのである。

 たとえば、相対的貧困率（中位可処分所得50％基準）をみると、危機前の1997年に6.2％であったのが、危機の真っ最中の1999年に9.3％へと悪化し、2000年代初頭に入ると若干改善されるが（2002年7.1％）、2005年以降は9.4％へと、危機のさいの数値を上回り上昇していく（キム・ムンギルほか2012：62）。所得不平等を示すジニ係数（可処分所得基準）においても似たような傾向を示している。すなわち、危機前の1997年に0.237であったのが、危機のさいの1999年に0.267まで上昇し、2000年代初頭に若干改善された後（2002年0.260）、2005年には0.263、2007年には

0.270へと再び悪化していく（キム・ムンギルほか 2012：160）。

　このような所得格差のみならず、それに起因した教育格差や文化格差など、さまざまな領域における格差の拡大が問題視されるようになり、そういった状況に対して、「社会的両極化」あるいは「両極化社会」という言葉が用いられ、2000 年代前半以降の新しい社会問題としてクローズアップされるようになった。「中流階層」が少なくなり、（少数の）「上流階層」と（多数の）「下流階層」の区分が顕著にあらわれていくという意味での「両極化」であるが、最近の社会階層・意識に関する政府の調査の結果(1)、自分の状況を「下流階層」と答えた割合が 46.7％と過去最大を記録したことをみると、2010 年代半ばに入った現在でも、その格差問題には緩和の傾向がみられず、韓国社会が抱えているもっとも重要な問題の 1 つとして位置づけられているといってよい。

　1990 年代末のアジア金融危機をきっかけとして整備された福祉国家が、危機を克服し国民の生活安定に大きく貢献したことは否めない。しかしながら、上記のような格差問題の状況をみると、けっしてその福祉国家がうまく機能しているとはいえないであろう。そこに、1990 年代末に整備した福祉国家の諸政策と 2000 年代に入ってからの現実とのあいだに何らかのずれがあるのではないかと考えられる。

　以上のような背景と問題意識にもとづきつつ、以下では、格差社会あるいは両極化社会といわれる福祉国家化以降の韓国社会の具体的な現実を明らかにしたあと、そういった現実をもたらした要因について比較福祉国家研究の視点から考えてみたい。

2　「過酷な現在・不安な将来」の諸相

(1) 最高水準の自殺率と最低水準の出生率

　福祉国家化以降の韓国社会の現実を捉えるさいに、とくに着目したいのは次のようなことである。すなわち、「上流階層」と「下流階層」の区分が明

確になっている格差社会のなかで、人々が直面しているのは、「上流階層」にならなければ、普通の生活さえ送れないという非常に厳しい現実である。その厳しい現実を、ここでは「過酷な現在・不安な将来」と表現したい。いくつか国際比較可能なデータを用いてその「過酷な現在・不安な将来」の具体的な現実を明らかにしてみよう。

まず、「過酷な現在」を示すデータの1つとしてあげられるのが、OECD加盟34カ国のうち最高水準を記録している自殺率（自殺死亡率：人口10万人あたりの自殺死亡者数）である。もちろん自殺に関してはさまざまな議論があり、その要因について一概にはいえないものの、ここで仮に、ある社会における高い自殺率を、「現在における生きることの困難さ」を反映するものと解釈することができるとすれば、韓国の高い自殺率を「過酷な現在」をあらわすものと考えてよいと思われる。

〈図付章2-1〉OECD主要国の自殺率（2010年）

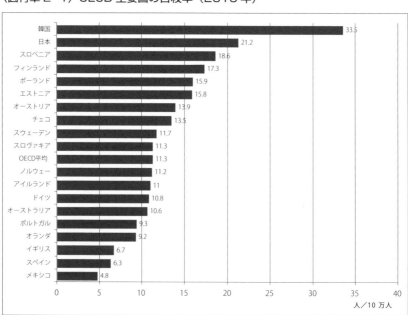

出所：OECD Health Data Base 2012

付章2　福祉国家化以降の韓国社会——「過酷な現在・不安な将来」

　図付章2-1と**図付章2-2**はOECD諸国の自殺率の現状を示している。それをみると、2010年現在、韓国の自殺率は10万人あたり33.5人と、OECD諸国平均（11.3）の3倍に近く、最高の自殺大国となっている（図付章2-1）。2004年以来、OECD諸国のうち不名誉な第1位を記録しつづけているが、2000～2010年のあいだの自殺率の増加率をみると101.8％と、これもまたOECD諸国のうちもっとも高い増加率となっている（図付章2-2）。国内の自殺率の推移に関する政府の報告書によれば（国会予算政策処2013）、この10年間とくに20代の若年層の自殺率が他の年齢層に比べて急上昇していること、そして高齢者の自殺率が他国に比べて極端に高いことが特徴的な点として指摘される。

　次に、「不安な将来」を示すデータの1つとして、OECD諸国のうち最低水準を記録している出生率（合計特殊出生率：1人の女性が一生に産む子供

図付章2-2 OECD主要国の自殺増加率（2000～2010年）

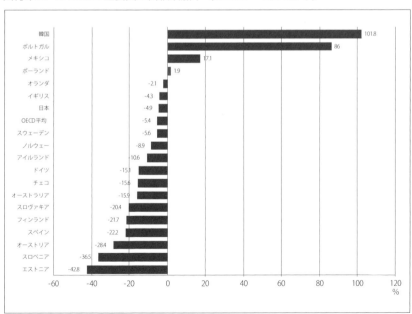

出所：OECD Health Data Base 2012

の平均数）をあげることができる。出生率の低さやその要因に関しても多様な議論があるが、ここで仮に、出生率の低さを、将来が不安だから若い夫婦が子どもを産まないといった状況、いいかえれば「将来における生きることの困難さ」を反映するものと解釈することができるとすれば、韓国の低い出生率を「不安な将来」をあらわすものとみることができよう。

表付章2-1にみられるように、2010年現在、韓国の出生率は1.23で

〈表付章2-1〉OECD主要国の出生率（2010年）

国	出生率	国	出生率
アイスランド	2.2	オランダ	1.8
アイルランド	2.07	スロベニア	1.57
メキシコ	2.05	チェコ	1.49
トルコ	2.03	オーストリア	1.44
フランス	1.99	イタリア	1.41
スウェーデン	1.98	ドイツ	1.39
イギリス	1.98	日本	1.39
ノルウェー	1.95	ポーランド	1.38
アメリカ	1.93	スペイン	1.38
オーストラリア	1.89	ポルトガル	1.37
デンマーク	1.88	ハンガリー	1.26
フィンランド	1.87	韓国	1.23

出所：OECD Family Data Base 2012

〈図付章2-3〉韓国における出生率の推移（1970〜2010年）

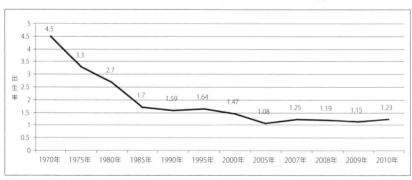

出所：OECD Health Data Base 2012

OECD諸国の最低を記録している。2002年以来、韓国はつづけてOECD諸国でもっとも子どもを産まない国となっている。図付章2-3からこの数十年間の国内の推移をみると、1970年代以降、出生率が急激に下がっており、1990年代に入るとその急激な下り方に緩和の傾向がみられるが、持続的な低下傾向は変わっていない。2005年には1.08人と過去最低を記録し、その後はやや持ち直したものの、大きな上昇はみられない。

　いずれにせよ、以上のOECD諸国最高水準の自殺率と最低水準の出生率のデータから、「過酷な現在・不安な将来」といった近年の韓国社会の厳しい現実を垣間見ることができた。その現実のより具体的な状況に接近するために、以下では、同じく国際比較可能なデータから、高い自殺率と低い出生率の背後にあると思われる次の4つの問題に着目してみたい。すなわち、OECD諸国のうち①最低水準の若年就業率、②最高水準の高齢者貧困率、③最低水準の家族関連給付、④最高水準の教育費という問題である。この4つの問題が複雑に絡み合って高い自殺率と低い出生率をもたらす要因として作用しているように思われる。どちらかといえば、前者の①と②が高い自殺率と深くかかわっている問題であるとすれば、後者の③と④は低い出生率と深くかかわっている問題であるといえよう。以下、それぞれについてみてみよう。

（2）最低水準の若年就業率と最高水準の高齢者貧困率

　第1に、上で20代の自殺率の急上昇について言及したが、その主な背景にあるものとしてよく指摘されるのが、若年層をとりまく厳しい雇用情勢である。

　通常、国際比較のさいに若者と分類される15～24歳の失業率をみると、**表付章2-2**のように、2011年現在、OECD平均16.2％のなか韓国は9.6％となっており、必ずしも高い数値ではない（日本は8.0％）。しかしこの失業率からして韓国の若者をとりまく雇用情勢が良好と考えてはいけない。なぜなら、そもそも失業率の計算には、現に求職活動をしていない人々や就業準備中の人々はカウントされないからである。そのため、正確な現実を診断するためには失業率ではなく就業率、つまり該当年齢人口のうち実際の就業

者の割合をみるのが有効である。たしかにその就業率の最近の状況をみると、韓国は23.0％でOECD平均（39.3％）をはるかに下回り、OECD諸国最低の水準となっている（日本は39.1％）。なお、国内の推移についてのデータを示してみると、1990年代末のアジア金融危機に過去最低を記録した就業率は（1998年に15〜24歳で27.1％、15〜29歳で40.6％）、2000年代に入り若干回復するが（2000年に15〜24歳で29.4％、15〜29歳で43.4％）、その後徐々に下落しつつ、最近のデータでは、アジア金融危機のときの数値を下回るようになっている（2011年に15〜24歳で23.0％、15〜29歳で40.5％）。

　以上のような若年層の低い就業率は、8割前後という高い大学進学率によってある程度は説明できるが、それより大きな要因として、20代の多くがよりよい就職のために、大学を卒業してから、あるいは卒業を延長してその準備に取りかかっていることが指摘できる。前者の卒業後に就業準備中の者を「就業準備生」、後者の卒業を延長して学生の身分で就業準備中の者を「NG族」（No Graduationの略語）と呼ぶ。統計庁の「経済活動人口調査」によれば、2011年現在、統計上の失業者数は34万人となっているが、「就業準備生」は64万人とされ、その数を合わせて「青年失業100万人時代」

〈表付章2-2〉OECD主要国における若年層（15〜24歳）の失業率・就業率（2011年）

国	失業率	就業率
韓国	9.6	23.0
フランス	22.0	29.9
日本	8.0	39.1
OECD平均	16.2	39.7
スウェーデン	22.8	40.8
アメリカ	17.3	45.5
ドイツ	8.5	48.2
イギリス	20.0	50.1
デンマーク	14.2	57.5

出所：OECD、Stat Extracts

がいわれたりする。さらに、全国に100万人ほどいるとされる「NG族」まで含むと、「青年失業200万人時代」の到来といっても差し支えない状況である。

このような大規模の「就業準備生」や「NG族」の存在は、主に雇用のミスマッチによるものである。全国経済人連合会（2010）の報告書によれば、大卒の若者がもっとも望む職場、すなわち国家機関や金融業また300人以上の大企業の従業員数は、IMF危機前の1995年と2008年のあいだに40万人も減っているが（413万人から372万人へ）、同期間、大学進学率は51.4％から83.8％まで上がり、卒業者は逆に20万人以上増えた（33万人から55万人へ）。つまり、よい職場を望む高学歴者は大幅増加しているものの、そこにおける雇用吸収力は激減し、そこで需要と供給のミスマッチが生じているのである。その雇用吸収力は、実際に計算してみると、2008年に15.8％（1995年は20.2％）にすぎず、その数少ない「勝ち組」をめぐる超競争社会のなかで、雇用情勢はますます悪化し、就業準備生やNG族が増えてしまっているのである。(3)

以上のような若年層をめぐる厳しい雇用情勢から、「88万ウォン世代」（月給88万ウォン＝8万8千円弱で生活している若者たち）や「三抛族」（恋愛、結婚、出産を諦めざるを得ない若者たち）、「4千ウォン人生」（最低賃金4千ウォン＝400円弱のパートやバイトの人々）といった若者の苦しい状況を表現する言葉が流行語になっており、その苦しい状況が近年にみられる20代自殺率の急増の主な背景として指摘されることが多い。

第2に、上で高齢者の自殺率が突出して高いことについて言及したが、その主な背景にあるものとしてあげられるのが、高齢者の深刻な貧困問題である。

OECDの調査によれば（OECD 2013）、**図付章2-4**のように、2010年現在、韓国の高齢者の相対的貧困率は47.2％で、OECD諸国（平均12.8％）のうち極端に高く、ワースト1を記録している。2006年以降、ワースト1でありつづけており、その近年の増加率もOECD諸国のうちもっとも著しいという。韓国国内の統計データから（農漁村人口と1人世帯を除いた）高齢者の貧困率の推移をみると（キム・ムンギルほか2012）、年々高くなっている状況が確認できる。すなわち、絶対貧困率（最低生計費基準）は、2003年に25.7％

であったのが 2007 年には 27.5％、最新 2011 年の統計では 30.2％となっている。同期間、相対貧困率（中位可処分所得 50％基準）は、36.6％（2003 年）→ 38.6％（2007 年）→ 41.0（2011 年）へと上昇している。当然ながら、農漁村人口と 1 人世帯を含むと、この数値はさらに高くなる。

　このような韓国における高齢者の高い貧困率を考えるさいに、何より注目すべき点は、高齢者の生活において年金がほとんど役割を果たしていないことである。政府の調査報告（保健福祉部・韓国保健社会研究院 2009）によれば、高齢者 1 人あたり平均月収（58.4 万ウォン＝ 5 万 8 千円弱）のうち、年金は 8.7％（5.0 万ウォン＝ 5 千円弱）にすぎない（その他、稼働・資産所得 25.4％、仕送り 46.5％、公的扶助 11.4％）。日本はもちろん多くの先進諸国において老後所得を支えるのが年金であることを考えると（OECD 2013）、韓国の高齢者は非常に厳しい生活の状況におかれているといわざるを得ない。

　もちろん、この問題は、韓国の年金制度の未成熟によるところが大きい。韓国の国民年金制度は、1988 年に導入され（1986 年に法制定）、その受給者がはじめて出たのは 2008 年であるため、現在、受給者も少なく給付額も低い。最近の統計によれば（国民年金公団 2012）、高齢者全体のうち年金を受給しているのは、わずか 2 ～ 3 割にすぎず、その平均給付額も、最低生

〈図付章 2-4〉OECD 主要国における高齢者の相対的貧困率（2010 年）

国	％
韓国	47.2
オーストラリア	35.5
メキシコ	27.6
日本	19.4
スロベニア	16.7
OECD平均	12.8
スペイン	12.5
オーストリア	11.3
ドイツ	10.5
ポルトガル	9.9
フィンランド	9.7
ポーランド	9.7
スウェーデン	9.5
イギリス	8.6
アイルランド	8
エストニア	6.7
ノルウェー	5.5
フランス	5.4
チェコ	3.7
オランダ	1.4

注：アイルランドと日本は 2009 年、韓国は 2011 年のデータである。
出所：OECD Pension at a Glance 2013

計費の半分をはるかに下回る低い水準となっている。

上記の高齢者の所得実態はそれを反映しているものといえるが、しかしながら、現行の年金制度の仕組みとそれをめぐる諸状況をみると、制度の未成熟だけには還元されない、制度自体が抱えている限界が多いのも事実である。たとえば、4割程度の低い所得代替率や現状における年金加入者の加入期間の短さや所得水準の低さなどのため、深刻な「無年金・低年金」問題が生じうるのである（金成垣 2011d）。この「無年金・低年金」問題の将来展望についてのいくつかの研究によれば、今後も年金受給者全体の平均給付額が最低生活費をはるかに下回る金額になることはたしかであり（カン・ソンホほか 2010：174-177；キム・ヨンミョン 2010）、しかも、2050年頃に高齢者の約37％が、年金の最低加入期間である10年を満たせず、無年金者になるという推計もある（イ・ヨンハ 2009：7）[(4)]。

以上のような状況のなかで最近、「黄昏の貧困、廃品を拾う老人たち」という、廃品を集めて生計を維持している高齢者たちの苦しい生活を描いた番組が放映され（2011年2月 KBS）、高齢者の貧困問題が大きな社会問題として注目されるようになった。同時にその高齢者の貧困問題を高い高齢者自殺率の背後にあるものとして指摘する議論も多数登場している。

（3）最低水準の家族関連給付と最高水準の教育費

第3に、韓国の低い出生率との関連で指摘したいのは、OECD諸国のうち最低水準を示している家族関係給付である。家族関係給付とは、出産や育児にともなう給付、児童養育家庭に対する給付（児童手当等）、保育関係給付、支援の必要な児童の保護に要する費用、就学前教育費などのことである。**図付章2-5**にみられるように、韓国の家族関係給付支出は、2009年現在、対GDP比で0.8％にすぎず、トルコ（0.0％）とアメリカ（0.7％）に次ぐ最下位国となっている。2007年までは、欧米諸国でもっとも低いとされるアメリカよりもはるかに低かったが（2007年にアメリカ0.66％、韓国0.46％）、2009年になってはじめてアメリカを上回るようになった。ただし2009年現在でも、OECD平均（2.3％）からすれば3分の1程度、もっとも高いアイルランド（4.1％）に比べると5分の1程度の低い水準である。な

お、1人あたりの家族関係給付費をみても似たような状況であり、2009年現在、韓国は219.0ドルでOECD平均（817.1ドル）の4分の1程度の非常に低い水準である。

このような状況からみて、韓国においては、育児や保育に関する費用が子育てをする人々にとって大きな負担となり、その負担を避けるための行動によって深刻な少子化がすすんできているということができる。実際「2012年度全国結婚及び出産動向調査」（キム・スングォンほか2012）という政府の調査結果によれば、子どもを増やさない理由のうち、「経済的要因」つまり金銭的負担によるものが圧倒的に多数を占めている（51.9％）。その金銭的負担の具体的な項目をみると、ほとんどが子育てと教育に関する費用の負担となっており、とくに子育て費用の負担を理由に出産を避けているケースは、この数年間著しい増加をみせている。教育費の負担に関しては後に取り上げることとし、子育て費用の負担にかぎってみると、たしかに同調査のなかで既婚女性を対象とした「求められる少子化対策」についての調査項目において、第1の政策優先順位となっているのが「子育てに対する経済的支

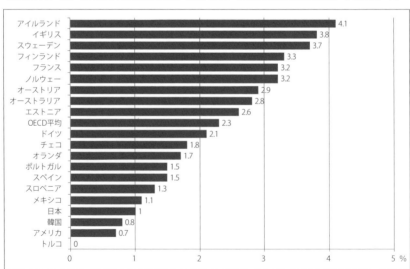

〈図付章2-5〉OECD主要国における対GDP比の家族関係給付費（2009年）

出所：OECD Social Expenditure Data Base 2012

援」である(第2位「妊娠および出産支援」、第3位「子育てのためのインフラやプログラム」)。日本の内閣府の「少子化社会に関する国際意識調査」(2011年)においても似たような項目の調査が行われており、その結果もほぼ同様である。

日本も最近、少子化との関連で子育て費用の負担の大きさが社会問題となっているが、韓国ではそれがさらに極端なかたちであらわれているといえよう。子育て費用の大きな負担が、上で言及した若者をめぐる雇用情勢の悪化と絡み合って、OECD最低の出生率を記録しつづけているのである。

第4に、低い出生率をもたらしている要因として、ここでもう1つ指摘しなければならないのが、育児や保育などの子育て費用と並んで、家計の大きな負担となっているOECD諸国のうち最高水準の教育費である。

図付章2-6は、OECD主要国の対GDP比の教育支出とその公私負担の割合を示したものである(OECD 2011)。そこにみられるように、韓国の教育支出は対GDP比7.6%と、OECD諸国(平均6.3%)をはるかに上回っている。その公私負担の割合をみると、公的負担が4.8%、私的負担2.8%と、私的

〈図付章2-6〉OECD主要国における対GDP比の教育支出(2008年)

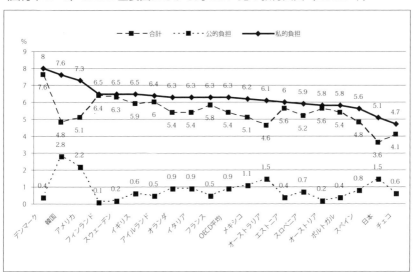

出所:OECD Education at a glance 2011

負担の大きさはOECD諸国の最高水準である（公的負担OECD平均5.4、私的負担OECD平均0.9％）。アメリカ（7.3）よりも公的負担（5.1％）が少なく私的負担（2.2％）が大きいのである（日本は全体5.1％、公的負担3.6％、私的負担1.5％）。この教育支出における私的負担の大きさは、2001年以来OECD第1位を記録しつづけている。

教育における高い私的負担との関連で、近年、韓国で大きな社会問題の1つとして登場しているのが、OECD最高水準の大学授業料の問題であ

〈表付章2-3〉OECD主要国における大学および大学院の年間授業料（2009年）

（単位：USドルのPPP換算額）

国	国公立	私立
アメリカ	6,312	22,852
韓国	5,315	9,586
日本	4,602	7,247
オーストラリア	4,140	8,933
イタリア	1,281	4,713
スイス	879	7,262
フランス	190〜1,309	1,128〜8,339
ノルウェー	免除	5,641
フィンランド	免除	免除

出所：OECD Education at a glance 2011

〈表付章2-4〉OECD主要国における家計支出の内訳（2009年）

	飲食	被服履物	住居光熱	家具什器	保健医療	交通通信	娯楽文化	教育	外食宿泊	その他
韓国	17.3	4.5	17.1	4.1	5.3	16.5	7.2	6.3	7.4	14.3
日本	17.5	3.6	24.6	3.8	4.2	14.1	11.0	2.2	7.6	11.3
フランス	16.4	4.7	24.9	5.9	3.4	17.2	9.2	0.7	6.2	11.4
イギリス	12.7	5.8	19.8	5.8	1.6	17.3	12.6	1.4	11.8	11.1
アメリカ	9.0	4.6	17.4	4.8	19.0	13.0	9.0	2.6	6.2	14.4
スウェーデン	15.7	5.0	26.9	5.0	3.1	17.2	11.3	0.3	5.6	9.8
デンマーク	14.9	4.8	26.5	5.8	2.6	15.8	11.1	0.7	5.0	12.9
イタリア	17.3	8.0	20.6	7.6	3.2	16.1	6.8	0.9	9.9	9.7

出所：OECD National Account 2009

る。**表付章 2-3** にみられるように、OECD 教育指標によれば（OECD 2011）、2009 年現在、韓国の国公立大学および大学院の年平均授業料は 5,315 ドルで、OECD 諸国のうち、アメリカ（6,312 ドル）に次ぐ第 2 位となっている（日本は 4,602 ドル）。私立大学および大学院の年平均授業料も 9,586 ドルで、これもまたアメリカ（22,852 ドル）に次ぐ OECD 第 2 位である（日本は 7,247 ドル）。ただし、アメリカの場合、国公立大学の割合が 7 割程度と高いが、韓国の場合は、国公立大学が 2 割程度にすぎず、こういった現状を考慮に入れると、全体として、韓国における大学および大学院の授業料が事実上アメリカより高く、OECD 諸国のうち最高の水準であるという見解も示される。8 割前後に達している韓国の高い大学進学率を考えれば、このような大学授業料負担の大きさは一部の人々にかぎるものではないといえるのである。

参考までに、以上のように教育費に関する私的負担が大きいということが、家計支出の内訳からも明らかであることも指摘しておこう。**表付章 2-4** は OECD 主要国の家計支出の内訳を示しているが、それをみると、韓国の家計支出の内訳のうち、教育費負担は OECD 諸国で極端に高く、最高水準となっていることがわかる（韓国 6.3％、アメリカ 2.6％、日本 2.2％、フランス 0.7％）。

以上の教育費の状況から、上記の「2012 年度全国結婚及び出産動向調査」にみられた、高い教育費の負担が子どもを増やさないもっとも大きい理由の 1 つとしてあげられている現状が伺われるであろう。

3　「20 世紀型福祉国家」と「21 世紀型福祉国家」

要約

以上、「過酷な現在・不安な将来」をキーワードに福祉国家化以降の韓国社会の現状をみてきた。まず、「過酷な現在・不安な将来」をもっとも典型的にあらわすものとして、OECD 諸国のうち最高水準の自殺率と最低水準の出生率を示し、次に、その背後にあるより具体的な問題として、OECD 諸国のうち①最低水準の若者就業率、②最高水準の高齢者貧困率、③最低水準の

家族関係給付、④最高水準の教育費といった現状をみてきた。それらのデータからここで再度強調したいのは、1990年代末のアジア金融危機をきっかけとして整備された福祉国家の諸制度・政策がうまく機能できず、問題が極端なかたちであらわれている、という福祉国家化以降の韓国社会の現状である。以下では、最近の政策展開を簡単にみたあと、それをふまえ、以上のような現状をもたらしている要因について比較福祉国家研究の視点から考察してみたい。

政府の対応は成功せず

前節でみてきた「過酷な現在・不安な将来」を示すさまざまな問題、すなわち①最低水準の若年就業率、②最高水準の高齢者貧困率、③最低水準の家族関係給付、④最高水準の教育費といった問題に対して、これまで政府も手をこまねいていたわけではない。2000年代に入り、それらの問題が徐々に顕在化し政府もそれに対応しなければならなくなっていた。とくに2000年代後半になると、問題がさらに深刻化しつつ政府は具体的かつ積極的に対策を打ち出していく。その詳細な分析は紙幅の関係で別稿に委ねることとし（金成垣 2011a；2011b；2012；2013）、ここでは2000年代後半以降、主に2008年からの2012年までの李明博政権にみられた対策展開について簡単に述べておきたい。

上記の問題①〜④とのかかわりでいえば、李明博政権が初期からもっとも力を入れていたのは、問題①つまり低い若年就業率の問題への対応であった。李明博大統領が、元CEOとして「現代建設」という会社を韓国有数の企業に押し上げた経験から「経済大統領」と呼ばれていたこともあって、経済的な側面における政策展開が大きく期待され、実際、彼自身も雇用の創出と拡大をめざした経済政策を積極的に推進していった。

具体的な政策としては、「四大河川事業」に代表される「韓国型ニューディール政策」にみられたように、執権早々から、広域経済圏の開発やそのためのインフラ構築また道路・港湾の開発などの政策を推進することによって雇用の創出と拡大をめざした。2008年後半に発生したリーマンショックに対応しては「経済難局克服総合対策」（2008年11月）を打ち出し、その一環として「希望勤労事業」の短期的な失業対策も展開した。若者をター

ゲットとした政策として「青年雇用追加対策」(2009～2010年)、「青年失業総合対策」(2010年～) なども打ち出した。2010年前半にはこれまでの諸事業・対策を総合整理して「2010雇用回復プロジェクト」をまとめ、同年後半には同政権の雇用創出・拡大政策の核心戦略として「国家雇用戦略2020」を発表するに至る。

　上記の問題①～④に照らしていえば、このような雇用を創出・拡大するための政策展開の背後には、雇用が拡大し若い世代が豊かになれば（問題①の解消）、親の世代も扶養できるし（問題②の解消）、家族関係給付が低くても子育てが容易になるし（問題③の解消）、子どもの教育費も払える（問題④の解消）といった、ある種の「正の連鎖」への期待があったと思われる。第1節で言及した、雇用保障と社会保障という2つの軸からなる福祉国家から考えると、雇用保障政策によって社会保障政策の課題も解決できるといった考え方である。

　しかしながら、それらの雇用保障政策が問題の解決にはつながらなかった。2008年後半のリーマンショックが原因で雇用情勢がなかなか回復できなかったこともあるが、それより根本的な問題として、近年の経済のグローバル化やそれによる国内の産業構造の転換などのなかで、上記のような政策によって生まれた雇用のほとんどが、「短期間・低賃金・非熟練労働」といった不安定な非正規労働であったからである。実際に上記の「国家雇用戦略2020」は、その内容を「全国民を非正規化するつもりなのか」(キム・ユソン2010；ユ・ギョンジュン2011；全国民主労働組合総連盟2010；2011ほか) といった強い批判を浴びることになり、その戦略の実行は難航をきわめた。

　雇用保障政策によって問題①が解消されない以上、問題②③④も解消されなくなる、あるいはそれらの問題がさらに悪化してしまうといった「負の連鎖」があらわれるのはいうまでもない。そこで李明博政権は、上記の雇用保障政策だけでなく、問題①～④に直接対応するための社会保障政策にも力を入れざるを得なくなり、実際さまざまな制度・政策を打ち出していく。ただし、それらも適切な対応にならなかったのが事実である。

　その状況を簡単にみてみると、まず問題①つまり最低水準の若年就業率の問題に対しては、雇用の創出と拡大のための政策だけでなく、社会保障制度の改善によって生活の安定化をはかろうとした。代表的な例として、雇用

保険をはじめ各種社会保険において、保険料支援を通じて非正規労働者への制度適用を拡大しようとしたことがあげられる。しかし雇用情勢がますます悪化していくなかで非正規労働者や長期失業者が増えつつ、そのような改革にもかかわらず社会保険の加入者や受給者が大きく増えることはなかった。（金成垣 2012b；2013c）

　次に問題②つまり最高水準の高齢者貧困率の問題に対しては、既存の国民年金における「無年金・低年金」問題を補うために、2008年から一般財源による基礎老齢年金が導入され（2014年から基礎年金）、その給付対象と給付額についての改善が行われた。しかし財源などの問題のため、給付対象を大幅に拡大することができず、その給付額も「お小遣い年金」（キム・ヨンミョン 2010）といわれるほどの低い水準にとどまり、けっきょく高齢者の貧困問題の解消に大きく寄与したとはいいがたい。（金成垣 2012；キム・ヒサム 2011；ユ・ランヒほか 2012 ほか）

　さらに問題③つまり最低水準の家族関係給付の問題に対しては、子育て費用の負担軽減のために保育無償化や学校給食の無償化などといった革新的な政策が展開されたが、これもまた財政的問題のため、不十分な制度運用が問題視されたり、不要論あるいは廃止論が上がってきたりしていた（チャン・ジンヨン 2012；チェ・ジョンウン 2012；ベク・ソンヒ 2012；イ・ヨジン／チョン・ドヨン 2012；ヒョン・ジングォン 2013 ほか）。また保育施設や保育サービスの拡大が行われたものの、市場化や民営化を随伴した拡大といった状況のなかで、保育士や社会福祉士の労働条件や環境が改善されず、施設内での児童虐待の増加など、サービスの質の確保が難しくなってしまうという弊害が生じていた（保健福祉部 2013；ソ・ムンヒ 2013 ほか）。

　最後に問題④つまり最高水準の教育費の問題に対しては、とくに高いとされる大学の授業料に関して、各種学費融資制度の拡大を通じてその負担の軽減をはかった。問題は、民間銀行に委託したかたちでの制度運営のため、融資金の利子率が5％前後と非常に高く、卒業時点で膨大な借金を抱えてしまう状況をもたらしてしまったことである（ユ・ギホン 2012；キム・サンヒ 2012；イ・ビルナム 2012；イ・ピルナム／キム・ギョンニョン 2012 ほか）。実際に利子を返済するために休学して仕事をする学生まであらわれている（チェ・チャンギュン 2013 ほか）。

以上のような状況からすると、けっきょく問題①～④に対する近年の政府の対応は成功しなかったといえる。そのため、2010年代に入っても「過酷な現在・不安な将来」といった状況が改善されず、それらの諸問題がますます深刻化しつつあるのが現状であるといえよう。

後発福祉国家の宿命

　それではなぜ以上のような状況になったのか。具体的にいうと、1990年代末の福祉国家化以降、なぜ韓国ではさまざまな政策展開にもかかわらず、それがうまくいかず、「過酷な現在・不安な将来」といった状況が変わらぬままの厳しい現実がつづいているのか。

　それについてはこれまで、特定政権における政治的限界が指摘されたり、特定改革における政策的失敗あるいは特定制度における財政的制約が指摘されたり、さまざまな側面から多様な見解がなされてきた（キム・ヨンミョン 2009；チョ・フンシク 2011；キム・ウォンソブ／ナム・ユンチョル 2011；イ・テス 2012；ナム・ギチョル 2012；ナム・チャンソブ 2012；金教誠 2013 ほか）。それらの見解をふまえて、ここではよりマクロ的な視点から、いいかえれば比較福祉国家研究の視点に立って韓国がおかれている現状をいかに捉えるかについて考えてみたい。単純化を恐れずにその現状を図式化してみると、**図付章 2-7** のように「20 世紀型」福祉国家と「21 世紀型」福祉国家の挟間で右往左往している後発福祉国家の宿命として説明することができると思われる。

　「20 世紀型」福祉国家とは、20 世紀の工業化社会の高成長時代に、正規労働を前提とした完全雇用と男性稼ぎ主モデルの家族という条件の下で、主に世帯主の所得の喪失いいかえれば「古い社会的リスク（old social risk）」に対応するために設計されたものである。一般的に「ケインズ主義福祉国家（Keynesian welfare state）」と呼ばれるものであるが、その「20 世紀型」福祉国家が、20 世紀後半以降の高度経済成長の終焉や経済のグローバル化また国内の産業・雇用構造や人口・家族構造の変化のなかでうまく機能できなくなっていることは周知の通りである。そこで、「シュンペーター主義ワークフェア国家（Schumpeterian workfare state）」（Jessop 2002）、「能動的福祉国家（active welfare state）」（Esping-Andersen et. al. 2002）、「条件整備国家

(enabling state)」(Gibert 2002)、「社会投資国家(Social investment state)」(Lister 2003；2004；Perkins et. al. 2004；Taylor-Gooby 2007)等々といった福祉国家の新しいあり方をめぐるさまざまな議論がなされるようになっている。「20世紀型」福祉国家と異なる「21世紀型」福祉国家の明確なあり方についてはいまだに不明なものの、それらの議論をふまえるならば、1つの方向性として次のような福祉国家を考えてよいであろう。すなわち、「20世紀型」福祉国家とは異なり、21世紀の脱工業化つまりサービス化時代の低成長時代に、非正規労働を前提とした不完全雇用と共稼ぎモデルの家族という条件の下で、個々人の所得の喪失とケアの危機いいかえれば「新しい社会的リスク(new social risk)」に対応することが求められる「21世紀型」福祉国家ということである。

「20世紀型」福祉国家と「21世紀型」福祉国家を以上のように単純化してみると、多くの西欧諸国における福祉国家の歴史は、20世紀前半から「20世紀型」福祉国家を整備し、20世紀後半以降にはそれをめぐる諸環境的要因の変化によって変容の圧力にさらされ、21世紀に入った現在、「21世紀型」福祉国家への転換がすすめられていると考えることができる。本書の問題関心からしてここで注目したいのは、西欧諸国に比べて遅れて福祉国家化に乗り出した、いわば「後発国」として韓国の状況はどうかということである。やや抽象的な解釈になるが、以下のように説明できよう。

〈図付章2-7〉「20世紀型福祉国家」と「21世紀型福祉国家」の比較概念図

	「20世紀型」福祉国家	「21世紀型」福祉国家
時代的背景および環境的条件	工業化社会の高成長時代に正規労働を前提とした完全雇用男性稼ぎ主モデルの家族という条件のもとで	脱工業化社会の低成長時代に非正規労働を前提とした不完全雇用共稼ぎモデルの家族という条件のもとで
対応課題	世帯主の「所得の喪失」（古い社会的リスク）へ対応	個々人の「所得の喪失」「ケアの危機」（新しい社会的リスク）へ対応

出所：筆者作成

付章2　福祉国家化以降の韓国社会──「過酷な現在・不安な将来」

　周知の通り、韓国では 1990 年代末のアジア金融危機に発生した大量失業・貧困問題に対応するために福祉国家化に乗り出した。危機のさいの失業・貧困問題の多くの部分が、「20 世紀型」福祉国家によって対応できるものであったこともあり、当時の福祉国家化はあくまで「20 世紀型」福祉国家を前提にしたものであった。ところが、そうして韓国が福祉国家化に乗り出した 20 世紀末という時点は、世界的にみると「20 世紀型」福祉国家の時代が終わり、むしろその変容の圧力のなかで「21 世紀型」福祉国家への転換がすすめられる時代に突入していた。この韓国の福祉国家化の経験は、他の国のそれに比べると明らかに後発である。そしてその後発の状況に起因して、国内的にも高度経済成長の終焉、産業・雇用構造や人口・家族構造の変化など社会経済システムの全般的な変化がすすむなか、「20 世紀型」福祉国家がその有効性を失いつつ、諸環境変化に対応した「21 世紀型」福祉国家への転換が求められるようになった。要するに、「後発国」としての韓国においては、西欧の「先発国」とは異なり、遅れて福祉国家化に乗り出したがゆえに、「20 世紀型」福祉国家の対応課題と「21 世紀型」福祉国家の対応課題がほぼ同時代的にあらわれ、そこで、「20 世紀型」福祉国家を整備しつつも、短期間で「21 世紀型」福祉国家への転換をすすめなければならないという宿命を背負うようになったといえるのである。

　けっきょく韓国は、以上のような「後発国」としての宿命のなかで、「20 世紀型」福祉国家と「21 世紀型」福祉国家とのあいだで右往左往してしまい、前者の課題にも後者の課題にも適切に対応できなくなっているのではないか。1990 年代末の福祉国家化以降、両者の課題とも中途半端でしか対応できず、そういった状況が、さまざまな政策展開にもかかわらず「過酷な現在・不安な将来」といった厳しい現実をもたらしている要因となっているように思える。その厳しい現実を具体的に示す問題①～④に対して、李明博政権の諸対策がうまく機能できず、それらの問題が他の先発福祉国家に比べて非常に極端なかたちであらわれているのも、当政権の政治的限界あるいは特定改革の政策的失敗や特定制度の財政的制約というより、それらを含むかたちでの以上のような「後発国」としての韓国の宿命から説明するのが妥当であるといえよう。

注

(1) 2013 年 12 月 4 日統計庁発表の「2013 年社会調査結果」による。

(2) 自殺者の割合がもっとも高いのは 40 〜 50 代の男性である（国会予算政策処 2013）。

(3) 若者をめぐる雇用情勢の悪化をみるさいに、若年層の低い就業率とともに考えなければならないのが、退職年齢の早さである。ある調査によれば、韓国の「体感定年退職年齢」は 48.2 歳（公企業 52.2 歳、大企業 47.8 歳、中小・ベンチャー企業 47.3 歳、外資系企業 47.2 歳）である（「韓国日報」2010 年 3 月 24 日）。韓国における自営業者の割合は、2010 年に非農林業就業者全体のうち 28.8% と、OECD 諸国（平均 15.9%、日本 12.3%）のなかで突出して高いが（財政企画部 2011）、これは、退職後に自営業に移る人々が多いからである。大多数の人々が、就職してから 20 年も満たない時期に退職し、その後は自営業に従事するしかない状況となっているのである。しかも、自営業といっても、貯蓄や退職金など十分な資金をもって安定的にそれに従事できるのは、いわゆる「勝ち組」である大企業の正社員からの退職者のみであって、残りは劣悪な低所得の自営業しか運営できないのが現状である。

(4) この点と関連して指摘しなければならないもう 1 つの問題が、公的年金制度における男女格差である。2012 年現在、国民年金の受給者は 184 万人（男性 113 万人、女性 71 万人）である。これは全体としては、65 歳以上人口の 30.7%にあたる低い受給率であるが、ここで強調したいのは、そのなかにみられる男女格差である。つまり、男性の受給率は 45.5%であるのに対して女性の受給率はその半分も満たない 20.3%の低い水準である。問題はそれだけではない。受給者だけに限定してその平均受給額を比較してみると、男性は 32 万ウォン（＝ 3.2 万円弱）、女性は 19 万ウォン（＝ 1.9 万円弱）である。男性の受給額も非常に低いが、女性の場合はさらに低く、その 6 割程度となってしまう。このような国民年金における男女格差は、現在の受給者状況だけではない。将来の年金受給を予測できる加入者状況をみても、男女格差は著しい。主婦や学生などの非経済活動による未加入や保険料の未納・滞納の状況を考慮して全体の加入者状況をみると、加入対象者全体（18 〜 59 歳）の 51.8%という低い加入率を示している。将来的に 5 割以上の人々が無年金者になる可能性があるわけだが、それを性別でみると、男性では 42.0%、女性では 59.0%と、その格差は 17%まで広がっている。さらにいえば、女性の場合、年金受給者になったとしても、現役時代における短い雇用期間や低い所得水準のため、低い給付額しか受け取れないことが予測されている。このようにみると、韓国の国民年金は、全体として「無年金・低年金」問題が存在しているなか、その問題は男性より女性の方でより著しくあらわれているといえる。

参考文献

日本語文献

井伊雅子(2009)『アジアの医療保障制度』東京大学出版会。
飯島渉・澤田ゆかり(2010)『高まる生活リスク――社会保障と医療』岩波書店。
石井寛治(1997)『日本の産業革命――日清・日露戦争から考える』朝日新聞社。
石田雄(1984)『日本の社会科学』東京大学出版会。
一圓光彌(1993)『自ら築く福祉――普遍的な社会保障をもとめて』大蔵省印刷局。
伊藤公雄・金香男・春木育美編『現代韓国の家族政策』行路社。
イ・ヘギョン(2006)「現代韓国社会福祉制度の展開」武川正吾/イ・ヘギョン編『福祉レジームの日韓比較――社会保障・ジェンダー・労働市場』東京大学出版会。
岩田正美(2007)『現代の貧困――ワーキングプア/ホームレス/生活保護』ちくま新書。
上野千鶴子(1990)『家父長制と資本制――マルクス主義フェミニズムの地平』岩波書店。
宇佐見耕一編(2003)『新興福祉国家論――アジアとラテンアメリカの比較研究』アジア経済研究所。
宇佐見耕一編(2005)『新興工業国の社会福祉――最低生活保障と家族福祉』アジア経済研究所。
宇佐見耕一編(2007)『新興工業国における雇用と社会保障』アジア経済研究所。
宇佐見耕一(2011)『新興諸国における高齢者生活保障制度――批判的社会老年学からの接近』アジア研究所。
宇佐見耕一・牧野久美子(2015)『新興諸国の現金給付政策――アイディア・言説の視点から』アジア経済研究所。
埋橋孝文(1995)「福祉国家の類型論と日本の位置――Esping-Andersenの所説を手がかりにして」『大原社会問題研究所雑誌』445。
埋橋孝文(1997)『現代福祉国家の国際比較――日本モデルの位置づけと展望』日本評論社。
埋橋孝文(2008)「社会政策における国際比較研究」『社会政策』創刊号。
埋橋孝文(2010)「OECD国際比較調査が日本と韓国に示すもの」金成垣編『現代の比較福祉国家論』ミネルヴァ書房。
埋橋孝文(2011)『福祉政策の国際動向と日本の選択――ポスト「三つの世界」論』

法律文化社。
埋橋孝文編（2003）『比較のなかの福祉国家』ミネルヴァ書房。
埋橋孝文・于洋・徐榮編（2012）『中国の弱者層と社会保障――「改革開放」の光と影』明石書店。
埋橋孝文・木村清美・戸谷裕之編（2009）『東アジアの社会保障――日本・韓国・台湾の現状と課題』ナカニシヤ出版。
埋橋孝文・連合総合生活開発研究所編（2010）『参加と連帯のセーフティネット――人間らしい品格ある社会への提言』ミネルヴァ書房。
王文亮（2008）『現代中国の社会と福祉』ミネルヴァ書房。
王文亮（2009）『社会政策で読み解く現代中国』ミネルヴァ書房。
王文亮（2010）『現代中国社会保障事典』集広舎。
大内力（1970）『国家独占資本主義』東京大学出版会。
大内力（1983）『国家独占資本主義・破綻の構造』御茶の水書房。
大内力・戸原四郎・大内秀明（1966）『経済学概論』東京大学出版会。
大沢真理（1986）『イギリス社会政策史――救貧法と福祉国家』東京大学出版会。
大沢真理（2007）『現代日本の生活保障システム――座標とゆくえ』岩波書店。
大沢真理（2013）『生活保障のガバナンス――ジェンダーとお金の流れで読み解く』有斐閣。
大沢真理編（2004）『アジア諸国の福祉戦略』ミネルヴァ書房。
大友信勝編（2013）『韓国における新たな自立支援戦略』高菅出版。
大西裕（2014）『先進国・韓国の憂鬱――少子高齢化・経済格差・グローバル化』中央公論新社。
大山博・炭谷茂・武川正吾・平岡公一編（2000）『福祉国家への視座――揺らぎから再構築へ』ミネルヴァ書房。
岡沢憲芙・宮本太郎編（1997）『比較福祉国家論――揺らぎとオルタナティブ』法律文化社。
岡田与好（1976）「自由放任主義と社会改革――『19世紀行政改革』論争に寄せて」『社会科学研究』27（4）。
岡本英男（2007）『福祉国家の可能性』東京大学出版会。
岡本英男（2015）「福祉国家と資本主義発展段階論」『東京経大学会誌』285号。
奥田聡編（2007）『経済危機後の韓国――成熟期に向けての経済・社会的課題』アジア経済研究所。
小田憲三（1992）「社会福祉におけるスティグマ問題」『川崎医療福祉学会誌』2(1)。
落合恵美子（2004）『21世紀家族へ――家族の戦後体制の見かた・超えかた』有斐

閣。
郭芳（2014）『中国農村地域における高齢者福祉サービス——小規模多機能ケアの構築に向けて』明石書店。
樫原朗（1979）「イギリスにおける家族手当制度の形成」『神戸学院経済学論集』11(2)。
加瀬和俊（1998）『戦前日本の失業対策——救済型公共土木事業の史的分析』日本経済評論社。
加瀬和俊（2011）『失業と救済の近代史』吉川弘文館。
加藤榮一（2006）『現代資本主義と福祉国家』ミネルヴァ書房。
加藤榮一（2007）『福祉国家システム』ミネルヴァ書房。
金澤史男編（2002）『現代の公共事業——国際経験と日本』日本経済評論社。
株本千鶴（2006）「経済危機後の韓国における雇用政策——『社会的イルチャリ創出事業』が志向するもの」『現代韓国朝鮮研究』第6号。
上村泰裕（2015）『福祉のアジア——国際比較から政策構想へ』名古屋大学出版会。
上村泰裕・末廣昭編（2003）『東アジアの福祉システム構築』東京大学社会科学研究所研究シリーズ10。
環日本海経済研究所（2010）『韓国経済の現代的課題』日本評論社。
金基元（訳：金元種）（2002）「金大中政府の構造調整政策（上・下）」『大原社会問題研究所雑誌』No.518・519。
金教誠（2012）「新しい社会的リスクと福祉の量的拡大、そして体制的縮小」第8回社会保障国際論壇「新しい社会的リスクと社会保障・福祉の変容」資料集。
金成垣（2008a）『後発福祉国家論——比較のなかの韓国と東アジア』東京大学出版会。
金成垣（2008b）「李明博政権の福祉政策——方向転換か変わらぬ道か」『Int'lecowk：国際経済労働研究』11・12月号。
金成垣（2011a）「転換期を迎えた日本の福祉国家」（社会政策学会第123回大会発表資料、2010年10月8日）。
金成垣（2011b）「韓国における若者の生活困難と社会保障①〜③」『月刊福祉』2011年2〜4月号。
金成垣（2011c）「若者の貧困と社会保障——日本・韓国・台湾の福祉国家体制への示唆」樋口明彦・上村泰裕・平塚眞樹編『若年問題と教育・雇用・社会保障』法政大学出版局。
金成垣（2011d）「韓国における年金制度と女性——後発国の文脈から」『海外社会保障研究』No.175。

金成垣（2012a）「後発福祉国家における雇用保障政策――韓国の選択」『社会科学研究』第 63 巻第 5・6 号。

金成垣（2012b）「格差社会の中の韓国の若者」『社会福祉研究』第 114 号。

金成垣（2013a）「ポスト『3 つの世界』論の可能性――比較福祉国家研究における類型論と段階論」武川正吾編『福祉社会学Ⅳ 公共性の福祉社会学 公正な社会とは』東大出版会。

金成垣（2013b）「過酷な若年雇用事情は変わるのか――恋愛・結婚・出産を諦める『三抛族』の若者たち」『中央公論』2013 年 1 月号。

金成垣（2013c）「韓国の国民基礎生活保障制度――現状と問題、そしてその特徴」埋橋孝文編『生活保護（福祉＋α④）』ミネルヴァ書房。

金成垣（2014a）「福祉国家化以降の韓国福祉国家――『過酷な現実・不安な将来』の諸相」末廣昭編著『東アジアの雇用保障と新たなリスクへの対応』東京大学社会科学研究所リサーチシリーズ No.56。

金成垣（2014b）「日本――戦後における社会保障制度の成立とその特徴」田多英範編『世界はなぜ社会保障制度を創ったのか――主要 9 カ国の比較研究』ミネルヴァ書房。

金成垣編（2010）『現代の比較福祉国家論――東アジア発の新しい理論構築に向けて』ミネルヴァ書房。

金永子（2008）『韓国の福祉事情』新幹社。

金永子監訳（2002）『韓国の社会福祉』新幹社。

久保英也（2014）『中国における医療保障改革――皆保険実現後のリスクと提言』ミネルヴァ書房。

経済企画書（1957）『経済白書昭和三二版』至誠堂。

五石敬路編（2011）『東アジアにおける都市の貧困』国際書院。

齋藤由里（2014）「イギリス――揺りかごから墓場までの社会保障制度」田多英範編『世界はなぜ社会保障制度を創ったのか』ミネルヴァ書房。

佐口卓（1977）『日本社会保険制度史』勁草書房。

渋谷博史（2008）『日本の福祉国家財政』学文社。

渋谷博史（2012）『21 世紀日本の福祉国家財政』学文社。

渋谷博史・内山昭・立岩寿一編（2001）『福祉国家システムの構造変化』東京大学出版会。

渋谷博史・根岸毅宏・塚谷文武（2014）『福祉国家と地方財政』学文社。

島田佳広（2011）「新たなセーフティネットの課題――訓練・生活支援給付と住宅手当を中心に」『世界の労働』第 61 巻第 1 号。

社会政策学会編（2006）『東アジアにおける社会政策学の展開』法律文化社。
新川敏光（2009）「福祉国家分析の可能性」『社会政策学会』第 1 巻第 2 号。
新川敏光・宮本太郎・真柄秀子・井戸正伸（2004）『比較政治経済学』有斐閣。
新川敏光（2005）『日本型福祉レジームの発展と変容』ミネルヴァ書房。
末廣昭編（2008）『東アジアの社会保障制度と企業内福祉』日本学術振興会科学研究費報告書。
末廣昭編（2010）『東アジア福祉システムの展望——7 カ国・地域の企業福祉と社会保障制度』ミネルヴァ書房。
末廣昭編（2014）『東アジアの雇用・生活保障と新たな社会リスクへの対応』東京大学社会科学研究所研究シリーズ。
末廣昭・金炫成編（2006）『東アジアの福祉システムの行方』日本学術振興会科学研究費報告書。
菅谷広宣（2013）『ASEAN 諸国の社会保障』日本評論社。
関根友彦（1974）「現代経済における脱資本主義化傾向」『経済セミナー』227。
袖井孝子・陳立行（2008）『転換期中国における社会保障と社会福祉』明石書店。
曽原利光（1987）「補足給付」社会保障研究所『イギリスの社会保障』東京大学出版会。
孫暁冬（2006）『中国型ワークフェアの形成と展開——福祉資本主義と市場社会主義における福祉レジームの可能性』昭和堂。
高安雄一（2014）『韓国の社会保障——「低福祉・低負担」社会保障の分析』学文社。
侘美光彦（1994）「段階論とは何か」『経済学論集』第 60 巻第 3 号。
武川正吾（1999）『社会政策のなかの現代——福祉国家と福祉社会』東京大学出版会。
武川正吾（2000）「福祉国家と福祉社会の協働——連帯と承認をめぐる弁証法」『社会政策研究』1。
武川正吾（2005a）「韓国の福祉国家形成と福祉国家の国際比較」武川正吾／キム・ヨンミョン編『韓国の福祉国家・日本の福祉国家』東信堂。
武川正吾（2005b）「日本の福祉国家レジーム——福祉政治・給付国家・規制国家」武川正吾／キム・ヨンミョン編『韓国の福祉国家、日本の福祉国家』東信堂。
武川正吾（2006）「福祉資本主義の 3 つの世界」野口定久編『福祉国家の形成・再編と社会福祉政策』中央法規。
武川正吾（2007a）『連帯と承認——グローバル化と個人化のなかの福祉国家』東京大学出版会。
武川正吾（2007b）「日韓比較をとおしてみた福祉国家論——田多英範の批判に答えて」『週刊社会保障』No.2438。

武川正吾（2010）「方法としての東アジア——ポスト・オリエンタリズムの時代の社会政策研究」金成垣編『現代の比較福祉国家論——東アジア発の新しい理論構築に向けて』ミネルヴァ書房。
武川正吾／キム・ヨンミョン編（2005）『韓国の福祉国家、日本の福祉国家』東信堂。
武川正吾／イ・ヘギョン編（2006）『福祉レジームの日韓比較——社会保障・ジェンダー・労働市場』東京大学出版会。
田多英範（1994）『現代日本社会保障論』光生館。
田多英範（2002）「日本における社会保障制度体系の確立（上）」『流通経済大学論集』36（4）。
田多英範（2004）「生活保障制度から社会保障制度へ」田多英範編『現代中国の社会保障制度』流通経済大学出版会。
田多英範（2007）「日本の福祉国家化と韓国の福祉国家化」『週刊社会保障』No.2423。
田多英範（2008）「福祉国家の成立をどう捉えるか」『週刊社会保障』No.2484。
田多英範（2009）『日本社会保障制度成立史論』光生館。
田多英範（2010）「日本における福祉国家の変容——第1ステージから第2ステージへ」、金成垣編『現代の比較福祉国家論——東アジア発の新しい理論構築に向けて』ミネルヴァ書房。
田多英範編（2004）『現代中国の社会保障制度』流通経済大学出版会。
田畑洋一（1994）「イギリス公的扶助制度史」『季刊社会学部論集』13（2）。
鄭武權（2006）「韓国の開発主義福祉レジーム」社会政策学会編『東アジアにおける社会政策学の展開』法律文化社。
沈潔（2014）『中国の社会福祉改革は何を目指そうとしているのか——社会主義・資本主義の調和』ミネルヴァ書房。
沈潔編（2007）『中華圏の高齢者福祉と介護——中国・香港・台湾』ミネルヴァ書房。
土田武史（1997）『ドイツ医療保険制度の成立』勁草書房。
土田武史（2010）「日本における社会保障制度の概要と特徴」（第2回東アジア社会福祉モデル・シンポジウム発表資料、2010年2月1日）。
勅使千鶴編（2007）『韓国の保育・幼児教育と子育て支援の動向と課題』新読書社。
東京大学社会科学研究所編（1984）『福祉国家1 福祉国家の形成』東京大学出版会。
所道彦（2012）『福祉国家と家族政策——イギリスの子育て支援策の展開』法律文化社。
戸原四郎（1984）「福祉国家スウェーデンの生成と展開」、東京大学社会科学研究所編『福祉国家の生成』東京大学出版会。

中川秀空（2009）「国民健康保険の現状と課題」『レファレンス』平成 21 年 8 月号。
西沢和彦（2011）『税と社会保障の抜本改革』日本経済新聞出版社。
日本住宅会議編（2008）『若者たちに『住まい』を！――格差社会の住宅問題』岩波書店。
野口定久編（2006）『福祉国家の形成・再編と社会福祉政策（日本・韓国――福祉国家の再編と福祉社会の開発）』中央法規。
野口定久編（2011）『家族／コミュニティの変貌と福祉社会の開発（日本・韓国―福祉国家の再編と福祉社会の開発）』中央法規。
野村正実（1998）『雇用不安』岩波書店。
萩原康生（2010）『アジアの社会福祉』放送大学教育振興会。
馬場広二（1997）『新資本主義論――視角転換の経済学』名古屋大学出版会。
林健久（1992）『福祉国家の財政学』有斐閣。
林健久・加藤栄一・金澤史男・持田信樹編（2004）『グローバル化と福祉国家財政の再編』東京大学出版会。
林春植・宣賢奎・住居広士編（2010）『韓国介護保険制度の創設と展開――介護保障の国際的視点』ミネルヴァ書房。
速水佑次郎（1995）『開発経済学』創文社。
春木育美・薛東勲編（2011）『韓国の少子高齢化と格差社会――日韓比較の視座から』慶應義塾大学出版会。
樋口明彦・上村泰裕・平塚眞樹編（2011）『若者問題と教育・雇用・社会保障――東アジアと周縁から考える』法政大学出版局。
広井良典（1999）『日本の社会保障』岩波新書。
広井良典・駒村康平編（2003）『アジアの社会保障』東京大学出版会。
広井良典・沈潔編（2007）『中国の社会保障改革と日本――アジア福祉ネットワークの構築に向けて』ミネルヴァ書房。
福島勝彦（1981）「イギリスの家族手当政策」『創価経済論集』11 (3)。
古瀬徹・塩野谷祐一編（1999）『先進諸国の社会保障④ドイツ』東京大学出版会。
増田雅暢・金貞任・包敏・小島克久・河森正人（2015）『アジアの社会保障』法律文化社。
松江暁子（2014）「韓国――IMF 経済危機と社会保障制度の創設」田多英範編『世界はなぜ社会保障制度を創ったのか』ミネルヴァ書房。
丸山博ほか編（1959）『講座社会保障 3　日本における社会保障制度の歴史』至誠堂。
三重野卓編（2001）『福祉国家の社会学』東信堂。
みずほ銀行総合研究所（2006）『公的年金の空洞化の実態と求められる対策』みず

ほ銀行総合研究所。
みずほ銀行総合研究所（2011）『国民年金保険料の未納対策はどうすべきか』みずほ銀行総合研究所。
宮本太郎（1992）「福祉国家レジームと労働戦略──3つの軌跡」『季刊社会保障研究』27（4）。
宮本太郎（1997）「比較福祉国家の理論と現実」岡沢憲芙・宮本太郎編『比較福祉国家論──揺らぎとオルタナティブ』法律文化社。
宮本太郎（2003）「福祉レジーム論の展開と課題」埋橋孝文編『比較のなかの福祉国家』ミネルヴァ書房。
宮本太郎（2006）「ポスト福祉国家のガバナンス──新しい政治対抗」『思想』983。
宮本太郎（2008）『福祉政治──日本の生活保障とデモクラシー』有斐閣。
宮本太郎（2010）「福祉国家の形成・類型・国際環境」金成垣編『現代の比較福祉国家論──東アジア発の新しい理論構築に向けて』ミネルヴァ書房。
宮本太郎／イト・ペング／埋橋孝文（2003）「日本型福祉国家の位置と動態」G. エスピン‐アンデルセン編（埋橋孝文監訳）『転換期の福祉国家』早稲田大学出版部。
三和良一（2003）「宇野発展段階論の可能性──馬場宏二説と加藤榮一説の検討を通して」『青山経済論集』51（4）。
村上薫編（2002）『後発工業国における女性労働と社会政策』アジア経済研究所。
持田信樹・今井勝人編（2014）『ソブリン危機と福祉国家財政』東京大学出版会。
山田篤裕（1999）「所得補助・社会基金」武川正吾・塩野谷祐一編『イギリス』東京大学出版会。
山田鋭夫・鍋島直樹・宇仁宏幸編（2007）『現代資本主義への新視覚──多様性と構造変化の分析』昭和堂。
横田伸子（2011）「1990年代以降の韓国における労働力の非正規化とジェンダー構造」『大原社会問題研究所雑誌』No.632。
横山和彦・田多英範編、1994『日本社会保障の歴史』学文社。
李蓮花（2011）『東アジアにおける後発近代化と社会政策──韓国と台湾の医療保険政策』ミネルヴァ書房。
李蓮花（2012）「後発福祉レジームにおける社会政策──韓国と台湾を比較して」盛山和夫・上野千鶴子・武川正吾編『公共社会学［2］少子高齢社会の公共性』東京大学出版会。
李蓮花（2013）「社会政策における『東アジア的な道』」『社会政策』第3巻第2号。

韓国語文献

カン・ソンホほか（2010）『国民年金の老後所得保障水準研究』国民年金研究院。
雇用労働部（2010）『2010 版雇用労働白書』雇用労働部。
雇用労働部（2011）『2011 版雇用労働白書』雇用労働部。
雇用労働部・社会的企業研究院（2010）『社会的企業概要集 501』雇用労働部・社会的企業研究院。
関係部処合同（2004）『仕事創出総合対策』関係部処合同。
国会予算政策処（2013）『積極的自殺予防のための政策課題』（「自殺予防政策討論会」結果報告書）国会予算政策処。
キム・ギョソン／キム・ヨンミョン／チェ・ヨン／キム・ソンウォン／キム・ビョンチョル（2010）『東アジアの社会福祉と社会投資戦略──社会投資戦略のビジョンと可能性の模索』ナヌムの家。
キム・サンヒ（2012）『李明博政府の大学授業料政策診断』（国政監査資料集）。
キム・ソンウォン（2009）「福祉国家展開における『先発国』と『後発国』──時間軸の導入による比較研究に向けて」チョン・ムグォン（鄭武權）編（2006）『韓国福祉国家性格論争Ⅱ』人間と福祉。
キム・ソンウォン（2011）「日本」キム・ヨンハ／ノ・デミョン／金成垣／キム・ヨンミョンほか（2011）『持続可能な韓国型福祉レジームの模索のための先進福祉国家経験の比較研究』保健福祉部・韓国保険社会研究院。
キム・ソンウォン（2013）「日本の社会経済的変化と福祉政策──『家族依存的』福祉国家の危機」キム・インチュン／コ・ミョンヒョン／キム・ソンウォン／Amnon Aran『生産的福祉と経済成長──福祉国家の事例分析』アサン政策研究院。
キム・スングォンほか（2012）『2012 年全国結婚及び出産動向調査』保健福祉部・韓国保健社会研究院。
キム・ヨンミョン（2010）「大量の老人貧困を誘発する基礎老齢年金縮小方案」『月刊福祉動向』2010 年 8 月号。
キム・ヨンミョン編（2002）『韓国福祉国家性格論争Ⅰ』人間と福祉。（韓国社会保障研究会訳（2006）『韓国福祉国家性格論争』流通経済大学出版会）
キム・ヨンミョン（2009）「李明博政府における所得保障政策の争点」『福祉動向』第 125 号。
キム・ヨンミョン（2010）「大量の老人貧困を誘発する基礎老齢年金縮小方案」『月刊福祉動向』2010 年 8 月号。

キム・ヨンボム（金榮範）（2002）「韓国福祉国家の類型化に対する批判的検討——制度の未成熟とそれによる限界を中心に」キム・ヨンミョン編『韓国福祉国家性格論争Ⅰ』人間と福祉。

キム・ウォンソブ／ナム・ユンチョル（2011）「李明博政府における社会政策の発展——韓国福祉国家拡大の終焉？」『亜細亜研究』第54巻第1号。

キム・ユソン（2010）「『国家雇用戦略2020』遺憾」『労働ジャーナル』2010年10月。

キム・テワンほか（2012）『貧困統計年報』韓国保健社会研究院。

キム・ヒサム（2011）「基礎老齢年金の老人貧困減少効果」『年金フォーラム』第43号。

ナム・ギチョル（2012）「李明博政府の所得保障評価——働かざる者食うべからず」『福祉動向』第168号。

ナム・チャンソブ（2012）「李明博政府の福祉政策評価」『福祉動向』第168号。

労働部（2002）『失業対策白書——国民の政府5年（1998-2002）』労働部。

労働部（2004）『2004年版労働白書』労働部。

労働部（2005）『2005年版労働白書』労働部。

労働部（2006）『2006年版労働白書』労働部。

労働部（2007）『2007年版労働白書』労働部。

労働部（2009）『2009年版労働白書』労働部。

パク・ヨンチョル（2008）『韓国の通貨危機10年（上・下）』韓国経済研究院。

ベク・ソンヒ（2012）「0〜5歳無償保育の診断と課題」『ジェンダーレビュー』Vol. 24。

保健福祉部（2013）『保育所児童虐待防止対策の整備——教師の資質強化及び処遇改善、児童虐待発生保育所及び加害保育教職員に対する制裁強化』保健福祉部。

保健福祉家族部・啓明大学産学協力団（2009）『2008年度老人実態調査』保健福祉家族部・啓明大学産学協力団。

ソ・ムンヒ（2013）『良質の保育サービス、公共性強化を優先すべき』育児政策研究所。

ウン・スミ（2009）『IMF危機』チェッセサン。

ユ・ギョンジュン（2011）「国家雇用戦略の意義と課題」『労働レビュー』第68号。

ユ・ギホン（2012）『李明博政府の大学授業料政策診断』（国政監査資料集）。

ユ・ランヒほか（2012）「基礎葬礼年金の老人貧困緩和の効果性分析」『韓国政策学会冬季学術大会』韓国政策学会。

ユン・ウンジュン／ソ・ジェマン（2010）『外換危機以降における仕事創出政策の

成果と課題』国会予算政策処。
イ・ギュソン（2006）『韓国の通貨危機――発生・克服・その後』博英社。
イ・ヨジン／チョン・ドヨン（2012）『嬰児無償保育財政の問題点と今後の改善課題』国会立法調査処。
イ・ヨンハ（2009）「老後所得保障の内実化のための国民年金の発展方向」『年金フォーラム』第35号。
イ・テス（2012）「李明博政府4年、韓国福祉国家の道を失う」（民主政策研究院・シンクタンクネットワーク討論会「李明博政府4年の評価と課題」資料集）。
イ・ピルナム（2012）「大学生の在学期間延長及び中道脱落決定要因分析――学資金支援の影響を中心に」『第7回韓国教育雇用パネル学術大会』韓国職業能力開発院。
イ・ピルナム／キム・ギョンニョン（2012）「大学生学資金借入が初期労働市場成果に及ぼす影響」『教育財政経済研究』第21巻第2号。
全国経済人連合会 [2010].『青年就業率引き上げ方案』全国経済人連合会。
全国民主労働組合総連盟（2010）『「国家雇用戦略2020」問題点と批判』全国民主労働組合総連盟。
全国民主労働組合総連盟（2011）『「国家雇用戦略2020」の目標』全国民主労働組合総連盟。
ジョン・ビョンユほか（2005a）『雇用なき成長に対する対応戦略研究Ⅰ』韓国労働研究院。
ジョン・ビョンユほか（2005b）『雇用なき成長に対する対応戦略研究Ⅱ』韓国労働研究院。
チャン・ジンヨン（2012）「無償保育、普遍的福祉政策として定着できるのか」『福祉ジャーナル』第49号。
チョ・ウンシク（2011）「成長の次女になった福祉」『ファンヘ文化』第73号。
チョン・ムグォン（2007）「韓国発展主義生産レジームと福祉レジームの形成」『韓国社会政策』14（1）。
チョン・ムグォン編（2006）『韓国福祉国家性格論争Ⅱ』人間と福祉。
チェ・ジョンウン（2012）「MB式中途半端な無償教育、代案が必要」『福祉動向』第166号。
チェ・チャンギュン（2013）『学資金調達方式と大学生活』韓国職業能力開発院。
ヒョン・ジングォン（2013）『無償保育政策に対する根本的批判――公共性の論理と政府の失敗』韓国財政学会。
ホン・ギョンジュン）（1999）『韓国の社会福祉体制研究――国家・市場・共同体の

結合構造』ナナム出版。
ホン・ギョンジュン（2002）「福祉国家の類型に関する質的比較分析――介入主義、自由主義、そして儒教主義福祉国家」キム・ヨンミョン編『韓国福祉国家性格論争Ⅰ』人間と福祉。
ホン・ギョンジュン（2004）「韓国社会福祉の落後性――その原因と対策」批判と代案のための社会福祉学会『2004年春季学術大会 韓国社会福祉の落後性、その原因と対策』。
ホ・ジェジュン（2007）『韓国経済の構造変化とサービス業雇用』韓国労働研究院。
ファン・スギョンほか（2010）『経済危機と雇用』韓国労働研究院。

英語文献

ADB & World Bank（2000）*The New Social Policy Agenda in Asia*, Asian Development Bank.
Anthony, B.（2002）*The English Poor Laws, 1700-1930*, Palgrave.
Bruce, M.（1971）*Coming of the Welfare State*, Harper Collins Distribution Services.（＝秋田成就訳（1984）『福祉国家への歩み』法政大学出版局）
Castles, F. G.（1995）"Welfare state development in Southern Europe", *West European Politics* 18(2).
Castles, F. G.（1996）"Needs-based Strategies of Social Protection in Australia and New Zealand", in G. Esping-Andersen ed. *Welfare State in Transition: National Adaptation in Global Economies*, SAGE Publication.
Castles, F. G. & D. Mitchell（1993）"Worlds of welfare and families of nation", in F. G. Castles ed. *Families of nations: Pattern of Public Policy in Western Democracies*, Dartmouth.
Deyo, F.（1992）"The Political Economy of Social Policy Foundation" R. P. Applebaum & J. Henders eds. *State and Development in the Asian Pacific Rim SAGA*.
Esping-Andersen G.（1990）*The Three World of Welfare Capitalism*, Cambridge Polity.（＝岡沢憲芙・宮本太郎監訳（2001）『福祉資本主義の3つの世界――比較福祉国家研究の理論と動態』ミネルヴァ書房）
Esping-Andersen G.（1997）"Hybrid or Unique?: the Japanese Welfare State Between Europe and America", *Journal of European Social Policy* 7(3).
Esping-Andersen G.（1999）*Social Foundation of Post-industrial Economies*, Oxford

University Press.（＝渡辺雅男・渡辺景子訳（2000）『ポスト工業経済の社会的基礎——市場・福祉国家・家族の政治経済学』桜井書店）
Esping-Andersen, G. and Gallie, D. and Hemerijck, A. et al.（2002）*Why We Need a New Welfare State,* Oxford University Press.
Ferrera, M.（1996）"'The Southern Model' of welfare in Social Europe", *Journal of European Social Policy* 6(1).
Ferrera, M.（1998）"Welfare Reform in South Europe: Institutional constraints and opportunities", in H. Cavana ed. *Challenges to the Welfare State: Internal and External Dynamics for Change,* Edward Elger.
Gilbert, Neil（2002）*Transformation of the Welfare State: The Silent Surrender of Public Responsibility,* Oxford University Press.
Goodman R. and Ito Peng（1996）"The East Asian Welfare State: Peripatetic Learning, Adaptive Change, and National Building、" G. Esping-Andersen ed. *Welfare State in Transition: National Adaptation in Global Economies SAGE* Publication.（＝埋橋孝文監訳（2003）『転換期の福祉国家——グローバル経済下の適応戦略』早稲田大学出版会）
Holliday, I.（2000）"Productive Welfare Capitalism: Social Policy in East Asia" *Parties and Policies* Vol. 48.
Holliday, I. & P. Wilding eds.（2003）*Welfare Capitalism in East Asia,* Palgrave Macmillan..（＝埋橋孝文・小田川華子・木村清美・三宅洋一・矢野裕俊・鷲巣典代訳（2007）『東アジアの福祉資本主義』法律文化社）
Iversen, T and A. Wren1Z（1998）"Equality Employment, and Budgetary Re-straint: The Trilemma of the Service Economy", *World Politics* 50.
Jessop, Bob（2002）*The future of the capitalist state,* Polity.
Jones, C.（1985）"Type of Welfare Capitalism", *Government and Opposition* 20.
Jones, C.（1993）"The Pacific Challenge: Confusion Welfare State" C. Jones ed. *New Perspectives on the Welfare* State London; New York: Routlege.
Kemp, P. A.（2007）*Housing Benefit in Britain,* The Policy Press.
Kwon, H. J.（2005）"Transforming the developmental welfare state in East Asia", *Development and Change* 36(4).
Kwon, H. J. ed.（2005）*Transforming the Developmental Welfare State in East Asia,* Palgrave Macmillan.
Lee S. Y., C. B., Chun, Y. G., Lee & N. K. Seo（2008）"The Naional Health Insurance system as one type of new typology: the case of South Korea and Taiwan", *Health*

Policy. 85(1).
Lister, R.（2003）"Investing in the Citizen-Worker of the Future: Transformations in Citizenship and the State under New labour", *Social Policy and Administration.* 37(5).
Lister, R.（2004）"The Third Way's Social Investment State", in Jane Lewis and Rebecca Surender(eds.), *Welfare State Change: Towards a Third Way?*, Oxford University Press.
Mishra, R.（1999）*Globalization and the welfare state,* Edward Elgar.
Mitchell, D.（1991）*Income Transfers in Ten Welfare Sates*, Avebury.（＝埋橋孝文ほか訳（1993）『福祉国家の国際比較研究―― LIS10 カ国の税・社会保障移転システム』啓文社）
OECD（2002）*Towards Asia's Sustainable Development: The Role of Social Protection,* OECD.
OECD（2007）*Benefits and Wages 2007: OECD INDICATORS,* OECD.
Porlnyi, K.（1957）*The Great Transformation,* Beacon Press.
Spicker, P.（1984）Stigma and Social Welfare, Croom Helm.（＝西尾祐吾訳（1990）『スティグマと社会福祉』誠信書房）
Tang, K. l.（2000）*Social Welfare Development in East Asia,* New York: Palgrave.
Taylor-Gooby, P.（2007）"Social Investment in Europe: bold plas, slow progress and implication for Korea".（韓国社会福祉学会主催「韓国社会の未来と社会投資政策」シンポジウム（2007 年 2 月）発表文）
Titmuss, R.（1974）*Social Policy,* Allen and Unwin.
Wilensky, H. L.（1975）*The Welfare State and Equality: Structure and Ideological Root of Public Expenditure,* University of California Press.（＝下平好博訳（1985）『福祉国家と平等』木鐸社）
World Bank（2001）*Social Protection Sector Strategy,* World Bank.

初出一覧

序章
本題「比較福祉国家研究の10年」金成垣編『現代の比較福祉国家論——東アジア発の新しい理論構築に向けて』ミネルヴァ書房（2010年）を加筆・修正した。

第1章、第2章
本題「『武川－田多論争』の位置づけとその含意」金成垣編『現代の比較福祉国家論——東アジア発の新しい理論構築に向けて』ミネルヴァ書房（2010年）、本題「東アジア福祉国家を世界史のなかに位置付ける——その理論的意味と方法論的視点」『社会政策』第5巻第2号（2013年）を加筆・修正した。

第3章
本題「後発福祉国家としての日本——全部雇用政策と国民皆保険・皆年金体制の結合」『週刊社会保障』No.2667（2012年）、本題「転換期を迎えた日本の福祉国家」社会政策学会第123回大会・テーマ別分科会報告（2010年）を加筆・修正した。

第4章
本題「後発福祉国家としての韓国——日本との比較」『週刊社会保障』No.2716（2013年）を加筆・修正した。

第5章
本題「日本と韓国における失業・貧困対策——二層体制の歴史的・構造的特徴」『週刊社会保障』No.2611（2011年）を加筆・修正した。

終章
本題「福祉国家の日韓比較からの新たな問題提起——福祉レジーム論を考え直す」『週刊社会保障』No.2830（2015年）を加筆・修正した。

付章1
本題「後発福祉国家における雇用保障政策——韓国の選択」『社会科学研究』第63巻第5・6号（2012年）を加筆・修正した。

付章2
本題「福祉国家化以降の韓国福祉国家——『過酷な現実・不安な将来』の諸相」末廣昭編『東アジアの雇用保障と新たなリスクへの対応』東京大学社会科学研究所リサーチシリーズNo.56（2014年）を加筆・修正した。

索引（項目・人名）

あ行

IMF 早期卒業　85, 99, 150
アジア金融危機（IMF 危機）　10, 11, 23, 45, 61, 62, 83-84, 88, 99, 102, 132, 134, 136, 142, 149, 150, 151, 156, 164, 169
イギリス　30, 32, 104-107, 112, 123-124, 125
一国一類型論　51, 54, 129
イ・ヘギョン（李恵兄）　99
李明博政権　141, 144, 164-165, 169
医療保険
　　韓国の――　85, 88, 89, 93, 100
　　日本の――　66, 72, 75, 80, 88
Wilensky（ウィレンスキー）, H. L.　12, 33, 62
Vogel（ヴォーゲル）, E. F.　80
失われた10年　60, 150
埋橋孝文　10, 11, 12, 13, 15, 34, 35, 36, 41, 60, 108, 128
宇野理論　31, 39, 42, 44
Esping-Andrsen（エスピン‐アンデルセン）, G.　9-17
NG（No Graduation）族　156-157
RSA（エレサ）　104
RMI（エレミ）　104
大河内理論　43-44
大沢真理　16, 36-37, 62, 112
岡田与好　30, 31, 39
岡本英男　28, 29, 39, 43

か行

海外就業促進対策　99
階級連合　24, 42, 119-125
解雇濫用の防止　84
階層化　36, 128
開発主義福祉国家／開発主義福祉レジーム　24, 45, 131, 132
格差社会　150-151, 152
拡大給付　105
家族主義レジーム　15, 36
家族政策　126, 129
家族賃金　15
家族福祉　16, 36
加藤榮一　30-32, 39, 41, 42, 43, 44
過渡給付　105
過渡手当　105
韓国型ニューディール　141, 164
韓国福祉国家性格論争　10, 12-13, 16, 23
完全雇用　12, 36, 39, 72, 79, 133, 136, 167-168
　　――政策　66, 67-68, 71-73, 74-77, 79, 86-87, 89, 92, 94, 116-117, 129, 131-132, 133, 142-145
基礎年金（基礎老齢年金）　97, 111, 166
希望勤労事業　141, 164
キム・ヨンボム（金榮範）　23, 25
キム・ヨンミョン（金淵明）　23
求職者給付　104, 107
求職者支援制度　78, 110
給食無償化　166
救貧条例　122
救貧制度　66, 104-107, 121
救貧法　105, 106, 112, 122
教育費　155, 159-163, 164, 165, 166
境界事例　17, 25
恐慌対策協定　121

186

共済組合　69, 122
ギルド　122, 123, 124
勤労奨励税制（「韓国型EITC」）　97, 98
Goodman（グッドマン）, R.　24, 62
グローバル化　11, 85, 91, 132, 136, 141, 145, 165, 167
グローバル青年リーダー育成計画　99
軍事独裁政権　99
経済開発政策　83, 107, 131-132, 136, 141
＜経済学系＞福祉国家研究　28, 29-33, 35, 37, 38, 39, 40, 41, 42, 43, 44, 48, 50, 53, 115
経済自立5ヵ年計画　67, 79, 136
経済成長政策　66, 67, 68, 70, 72, 77, 85, 131, 133, 135, 139, 142
経済難局克服総合対策　85, 133, 141, 164
経済の二重構造　70-71, 72-73, 74, 80, 89, 90
傾斜生産方式　67, 79
系譜論　30, 31
経路依存　42, 53, 58, 117
健康保険　69, 80, 88
現代資本主義論　29
権力資源動員論　42, 128
公共事業　15, 16, 36, 66
工業化時代　89, 93, 94, 117, 125, 133, 140, 141, 143, 145
厚生年金　69, 80, 88
構造変化論　129
高卒以下青年層雇用促進対策　99
公的扶助　31, 32, 101, 104, 108-109, 119
　韓国の——　66, 75, 76, 77, 78, 84-85, 97-98, 102-103, 104, 107, 108, 109-110,132
　日本の——　84-85, 86, 97-98, 102-103, 104, 107, 108, 109-110
後発国／後発福祉国家　17-20, 49-50, 54-55, 58, 70-71, 73, 78, 90, 101, 115, 117, 125, 131, 145, 167-169
後発資本主義国　70-73, 89-90, 93, 116
後発福祉国家論　54-55
国民皆保険・皆年金体制
　韓国の——　85, 88, 90, 92-93, 94-96, 117, 132
　日本の——　66, 69, 73, 74, 76-78, 116
国民皆保険4ヵ年計画　72
国民基礎生活保障　85, 97, 98, 102-103, 104, 105, 108, 109, 110, 112-113
国民金融公庫　67, 79
国民健康保険
　韓国の——　88, 93, 100
　日本の——　69, 72, 74, 75, 80, 88
国民所得倍増計画　67, 71, 79, 136
国民年金
　韓国の——　88, 93, 111, 158, 166, 170
　スウェーデンの——　121
　日本の——　69, 72, 74, 80, 88
国家雇用戦略　85, 133, 134
国家雇用戦略2020　85, 92, 94, 133, 141, 143, 165
国家独占資本主義論　29, 39
個別給付　98, 103, 112-113
雇用維持拡大思想　86, 136
雇用・支援給付　104
雇用創出総合対策　85, 90-91, 133, 134-137, 139, 142, 143, 144, 146
雇用づくり社会協約　134
雇用なき成長　87, 91, 134, 136-137, 139, 142, 143, 144, 146-147
雇用保険
　韓国の——　84-85, 95, 102-103, 104, 107, 109-111, 132
　日本の——／失業保険　66, 79, 102-103, 104, 107, 109-111
雇用保障　55-57, 126, 129, 131-132, 142-145
　韓国の——　84-85, 86-87, 89-93, 116-117, 129, 132-133, 142-145, 165

187

日本の―― 66, 67-68, 70-71, 74, 86-87, 89-90, 116-117, 147
混合型／混合型福祉レジーム 12-15, 16, 24, 36, 45, 51, 54, 62

さ行

最低賃金法／最低賃金制度
　韓国の―― 84, 99, 157
　日本の―― 66
サードセクター 36, 68, 87, 117, 144, 145
サービス化時代 89, 93, 98, 117, 125, 133, 140, 143, 168
三層体制 98, 104-107, 108-109, 110-111, 113
三抛族（サンポーゾク） 157
残余的モデル 12, 34
ジェンダー視点 15, 36-37
時間差／タイムラグ／タイミングの相違 19, 21, 48, 49-53, 58, 89-90, 93, 117-119, 122-124, 125, 129
時間軸の比較視点 18-20, 49, 58-59, 115, 117-118, 120, 125-126
自殺率 152-153, 155, 157, 159, 163
下請代金支払遅延等防止法 67, 79
失業給付Ⅱ 104
失業対策事業 66, 85, 134, 142, 146,
失業扶助 97, 104-106, 107-109, 109-111, 112
失業法 105
失業保険 101, 104, 105, 106-107, 108, 109-110, 128
疾病金庫助成法 121
疾病保険 123, 124
ジニ係数 84, 150
資本主義の多様性論 43
〈社会学系〉福祉国家研究 28, 33-37, 38, 39, 42, 43, 44, 48, 50, 51, 53, 115

社会サービス 74, 76, 80, 87, 91-92, 94, 95, 117, 119, 137-139, 140, 142, 144, 146
社会政策論 43-44
社会手当 74, 76, 80, 95, 97, 98, 108, 110, 111, 112
社会的企業 68, 87, 91-92, 117, 140-142, 143-144, 147
　――育成法 91, 140, 143
社会的雇用 91, 135, 137-139, 140-141, 142-143, 146
社会的リスク 167-168
社会投資国家 168
社会保険 31, 32, 66, 69, 76, 78, 86, 88, 108, 109, 119, 121-122, 165-166
　混合型―― 69-70, 72-73, 73-78, 88, 89-90, 92-93, 98, 116-117
　単一型―― 13, 88, 89, 92-93, 94-98, 100, 116-117
　ビスマルクの――3部作 123
　分立型―― 12, 14, 69
社会保障 30-32, 33, 35, 37, 40-41, 54-55, 55-57, 68, 101, 119-120, 123-125, 126, 129, 131-132, 133
　韓国の―― 84-86, 88, 92-93, 94, 97-98, 99, 100, 116-117, 165
　日本の―― 66, 69-70, 72, 76, 78, 79, 88, 90, 93, 116-117
社会保障5ヵ年計画 72
社会民主主義レジーム 119, 120-122
若年失業者 104, 109-110
19世紀行政改革論争 39
就業準備生 156-157
就業率 136, 146, 155-156, 163, 164, 165, 170
終身雇用 15, 77
収斂論 51, 54, 129
儒教主義福祉国家 24, 62
自由主義レジーム 119, 123-124

自由放任（・夜警国家）体制　31, 56
出生率　153-155, 159, 161, 163
主婦労働者　76
シュンペーター主義ワークフェア国家　167
障害・老齢年金保険　123
小企業経営改善金融制度　74
条件整備国家　167-168
少子化　160-161
商店街振興組合法　67, 79
商品化　42, 56, 57, 126, 128
職域保険　69, 72-73, 74, 88, 89-90, 92-93, 94-95, 96-97, 100, 116-117, 121-122, 124
食糧管理制度　67
所得補助　107, 108
Jones（ジョーンズ），C.　12, 24
新中間層　119, 123-124
新長期経済計画　67, 79
スウェーデン　18, 30, 68, 108, 119, 121-122, 123, 124, 125, 128
スティグマ　106-107
Smith（スミス），A.　39
座りの悪さ　14-15, 16, 18, 23, 25, 36, 51, 54
生活困窮者自立支援制度　78, 110
生活保護
　韓国の――　85, 97, 102-103, 105
　日本の――　66, 75, 76, 78, 80, 102-103, 104, 105, 107, 108, 109
生産主義福祉資本主義　24, 45, 62, 131, 132
生存権　31, 32, 55
制度的再分配モデル　12, 34
青年雇用促進対策　99
青年雇用追加対策　99, 165
青年失業総合対策　99, 165
青年失業補完対策　99
整理解雇制　83
税方式　69, 88, 89, 97

積極的労働市場政策　68
全部雇用／全部雇用政策　68, 86-87, 89, 90-93, 94-95, 98, 116, 117
全部就業／全部就業政策　67-70, 71-73, 74-78, 86-87, 89-93, 94, 98, 116, 117
総合失業対策　84-85, 146
総スラム化　65

た行

第1次社会保障長期発展計画　85
第1次全国総合開発計画　71
大学進学率　156, 157, 163
大規模小売店舗法　74, 77
大恐慌　29, 32, 56, 121
退職金制度　79, 170
代替関係　15-16, 18, 24, 25
第4の類型／第4のレジーム　12, 13, 16, 36, 51, 54
武川正吾　14, 24, 25, 35, 36, 42, 43, 44, 52-53, 60, 61, 62
武川-田多論争　52-53
田多英範　30-32, 40, 52-53, 106
脱資本主義過程　29
脱商品化　14, 23-24, 34, 36, 42, 57, 118-126, 128
段階論　31, 39, 42, 44, 128-129
段階論的アプローチ／「縦」の歴史比較　27, 29-32, 37, 38, 48, 50-54, 56, 115
男性稼ぎ主型／男性稼ぎ主モデル　15, 36, 75-77, 95, 129, 167, 168
地域研究　39, 41-42, 60, 62-63
地域保険　69, 72-73, 74, 80, 88, 90, 92-93, 100, 116-117
中期雇用政策基本計画　85, 133, 134
中小企業安定化法　67, 79

中小企業金融公庫　67, 79
中小企業・自営業保護政策　66, 67-68, 71-72, 74, 86-87, 89, 92, 116-117
長期失業者　66, 85, 101, 109-110, 146, 166
チョ・ヨンフン（曺永薰）　23
チョン・ムグォン（鄭武權）　23, 24
Titmuss（ティトマス）, R.　12, 33-34
Deyo（デヨ）, F.　24
ドイツ　18, 69, 88, 100, 104, 119, 121, 122-123, 124, 125
東京大学社会科学研究所　28, 29-30, 41, 61
同権化　31, 32, 41
統合給付　98, 103, 111, 112-113
戸原四郎　33, 39, 40, 41
共稼ぎモデル　129, 168

な行

ナム・チャンソブ（南燦燮）　23
二層体制　76, 78, 97-98, 104, 107-109, 109-111, 113
日本型からの脱皮　100
二律背反　29, 39
ニューディール期　32, 41
農協共同組合　67, 79
農業補助金　67
農地法　67, 79
能動的福祉国家　167
農民層　70, 80, 119-120, 121-122, 123, 124
盧武鉉政権　134, 138, 141

は行

派遣勤労制（有期契約労働制）　83
88万ウォン世代　157

林建久　30-32, 40, 41, 42, 43, 44
東アジア
　――福祉国家　24, 50, 51, 54, 55,
　――福祉国家研究　10, 18, 24, 37-38, 45-55, 60-63
　――モデル／レジーム　19, 24
非軍事化・民主化　79
被救恤民　106
百貨店法　67, 79
広井良典　80
貧困率　81, 150, 155, 157-158, 163, 164, 166
福祉オリエンタリズム　61-62
福祉後進国　12, 17, 24, 34
福祉国家　30-32, 35-36, 39, 40, 41, 49-50, 52-53, 54-55, 55-58, 68, 79, 118-119, 126, 128, 131-132, 146, 167-169
　韓国の――　10, 13, 15-16, 17, 18-19, 23, 24, 25, 45, 83-86, 86-88, 89-93, 94-98, 116-118, 125, 129, 132-133, 142-145, 150-152, 169
　日本の――　10, 12, 14-16, 17, 18-19, 36-37, 66, 67-70, 71-73, 74-78, 89-90, 93, 98, 116-118, 125
福祉資本主義／福祉国家資本主義　56
福祉先進国　12, 17, 33-34
福祉レジーム論　9-17, 119, 120-124
福利厚生　15, 16, 36, 77, 112
扶助原理　76, 78, 101, 102, 104-108, 109-111
Peng（ペング）, I.　24
保育無償化　166
保険原理　76, 101, 102, 104-107, 110-111
保険の扶助化　105
保険方式　89, 95, 97
保守主義レジーム　119, 122-123
補足給付　107
補足性　109
ポーパリズム　106

190

Polanyi（ポランニー）, K. 42, 56
ホン・ギョンジュン（洪坰駿） 24

ま行

Mishra（ミシュラ）, R. 79, 146
宮本太郎 10, 11, 12, 14, 49, 53, 54, 58
無拠出老齢年金 124
無契約給付 105
無年金・低年金問題 95, 159, 166, 170
もはや戦後ではない 71

ら行

リーマンショック 141, 164, 165
両極化 151
類型的多様性論 129
類型論 13, 14, 42, 62, 119, 129
類型論的アプローチ／「横」の国際比較　27, 33-37, 38, 48, 50-54, 56, 115
連合国最高司令官総司令部（GHQ） 79
労災保険 123
労働関係調整法 66
労働基準法 66
労働基本権 29, 39, 66
労働組合 79, 84, 99, 128
労働組合法 66, 79
労働者階級 31, 32, 41, 119, 120-124

や・わ行

山田鋭夫 129
4千ウォン人生 157
四大河川事業 164
ワイマール体制 41
ワーキングプア 109
ワークハウス 106

あとがき

　本書は、この数年間、日本と韓国の福祉国家をテーマにして、いくつかの学術雑誌や研究書に掲載した論文を再構成したものである。主に 2010 年以降の論文であるが、その 2010 年は、私が現職場の東京経済大学に着任した年でもある。本書の出版は、2010 年以降の東経大での数年間、非常に恵まれた職場環境にいながら研究をすすめることができたからこそ実現可能であったと思う。本書のあとがきとして、本学での思い出や感謝の気持ちを語ることをお許しいただきたい。

　2000 年から 7 年間の大学院生の生活、そしてその後 3 年間の任期付き助教を終え、2010 年 4 月に本学に着任した私は、やっと専任の教員に就くことができたという嬉しい気持ちとともに、仕事の負担増加への不安も少なくなかった。とくに、学生の生活が長かったことや前職の助教の業務が研究メインであったことがあって、専任の教員になったことで、これまでとは違い業務や教育の負担が増え、自分の勉強や研究のための物理的・精神的余裕が大きく減ってしまうのではないかという心配が多かったのである。大学が改革の大波に襲われている今の時代はさらにそうであろうと思っていた。

しかしながら、実際に本学に着任して、必ずしもそうではないことがわかった。

　何より、研究優先の雰囲気が本学全体に染み渡っていた。もちろん、入試や進路指導などをはじめとするさまざまな業務の負担が、他大学に比べて少ないわけではない。しかし、それらの業務に携わるにあたり、たとえば、「業務に支障をきたさない範囲での研究」というより「研究に支障をきたさない範囲での業務」というような、研究優先の雰囲気を感じさせられたことが少なくない。ある先輩の教員の言った次の言葉が記憶に残っている。「一生懸命に研究に取り組んでいない教員が、まともに大学の仕事や授業をすることをみたことがない」と。この考えが正しいか否かはともあれ、他の仕事より研究に重きをおいているような雰囲気が大学全体に広く浸透していることは事実である。教員だけでなく職員に関して、「研究に支障をきたさない範囲での業務」になるようなきめ細かい配慮や親切な対応は、着任時だけでなくその後数年を経た現在もまったく変わっていない。このような研究環境に恵まれて、実際に毎年数本の論文を書くことができた。本学でのこの数年間、大学の業務と併行して自分の研究を行うことができたのは何より貴重な経験であった。

　その貴重な経験はじつは、業務の場面だけでなく教育の場面、つまり講義を行う教室のなかでも同様であった。

　私の担当している社会保障論と社会政策の科目は、200〜300名を超える大人数の講義である。それぐらいの大人数になると、そもそも講義中に学生と直接コミュニケーションをはかることは難しい。そのため、出席カードのメモ欄などを利用して、できるだけコミュニケーションをはかりながら講義をすすめてきている。そのメモ欄の記入に関しては、あくまで任意であるという方針で行っているが、驚くほど書いてくれる学生が多い。もちろん講義の内容とまったく関係のない個人的な質問、韓ドラやK-popなどの韓国事情についての質問やコメントも少なくないが、大半は講義で分からなかったことやもっと詳しく説明してほしいところについてフランクに質問をした

りコメントしたりするものである。そのフランクな質問やコメントに関して、次の授業でリプライすることを繰り返していくうちに、講義の内容ややり方の改善はいうまでもなく、それが自分の勉強や研究また執筆中の論文の改善にもつながることに気付いたことが少なくない。着任時にある先輩の教員から「東経大の教室のなかで学生に理解される授業を行うことができてはじめて、自分の研究が世間から理解されることになると考えると、授業が楽しくなるよ」とアドバイスを受けたことがあるが、そのアドバイスを実践しようとしたことで、教育と研究を別々のものではなく両者を密接に結びつけて行うことができたのだと思う。これもまた本学での貴重な経験である。

以上のような貴重な経験をしながら、これまで研究を怠ることなく、さらに精進することができたと思う。この数年間、本学のために私に何ができたかと考えると頭が上がらないが、本書の出版を含めて、本学から受けた研究面でのさまざまな恩恵は何にも代えられない大きなものである。岡本英男先生、鈴木直先生、奥山正司先生、小島喜一郎先生をはじめとする教員の皆さま、菊地聡船さん、船木将人さん、及川倫子さん、大日方美穂さんをはじめとする職員の皆さま、そしてゼミ生をはじめとする学生の皆さまに心から感謝を伝えたい。これまで受けた恩恵を忘れずに今後の研究をさらにもう一歩すすめていきたい。

最後に、本書企画の段階から編集および刊行にさいして格段にお世話になった明石書店神野斉編集長と編集者の寺澤正好さんにも、この場を借りて感謝の気持ちを申し上げたい。

2016年1月　金　成垣

【著者紹介】

金　成垣（きむ　そんうぉん）
1973年韓国ソウル生まれ。延世大学社会科学部社会福祉学科卒業、東京大学大学院人文社会系研究科の修士・博士課程修了。博士（社会学）。東京大学社会科学研究所助教を経て現在、東京経済大学経済学部准教授。専攻は福祉社会学、比較福祉国家論。主な著書に、『後発福祉国家論』（東京大学出版会、2008年）、『現代の比較福祉国家論』（ミネルヴァ書房、2010年）、『若者問題と教育・雇用・社会保障』（共著、法政大学出版局、2011年）、『世界はなぜ社会保障制度を創ったのか』（共著、ミネルヴァ書房、2014年）などがある。

福祉国家の日韓比較
―― 「後発国」における雇用保障・社会保障

2016年2月10日　初　版　第1刷発行

著　者　金　　成　垣
発行者　石　井　昭　男
発行所　株式会社　明石書店

〒101-0021 東京都千代田区外神田 6-9-5
電話 03（5818）1171
FAX 03（5818）1174
振替 00100-7-24505
http://www.akashi.co.jp/

進　　行　寺澤正好
組　　版　デルタネットデザイン
装　　丁　明石書店デザイン室
印刷・製本　モリモト印刷株式会社

（定価はカバーに表示してあります）　ISBN978-4-7503-4302-0

JCOPY 〈(社)出版者著作権管理機構　委託出版物〉
本書の無断複写は著作権上での例外を除き禁じられています。複写される場合は、そのつど事前に、(社)出版者著作権管理機構（電話 03-3513-6969、FAX03-3513-6979、e-mail: info@jcopy.or.jp）の許諾を得てください。

格差拡大の真実
――二極化の要因を解き明かす

経済協力開発機構(OECD)編著
小島克久、金子能宏訳

A4判変型／並製／464頁
◎7200円

1パーセント、さらには一握りの高所得者の富が膨れ上がり、二極化がますます進むのはなぜか？ グローバル化、技術進歩、情報通信技術、海外投資、国際労働移動、高齢化、世帯構造の変化などの各種の要因を詳細に分析し、格差が拡大してきたことを明らかにする。

内容構成

概要　OECD加盟国における所得格差拡大の概観

特集　新興経済国における格差

第Ⅰ部　グローバル化、技術進歩、政策は賃金格差と所得格差にどのような影響を及ぼすのか
経済のグローバル化／労働市場の制度・政策／賃金格差の動向／経済のグローバル化と制度・政策の変化の所得格差への影響／就業者と非就業者の格差へ

第Ⅱ部　労働所得の格差はどのように世帯可処分所得の格差を引き起こすのか
所得格差の要素：労働時間、自営業、非就業／世帯の就業所得の格差の動向／家族構成の変化が果たす役割／世帯可処分所得の格差

第Ⅲ部　税と社会保障の役割はどのように変化したか
税と社会保障による所得再分配機能：過去20年間の変化／公共サービスが所得格差に及ぼす影響／高額所得者の傾向と租税政策

格差は拡大しているか
OECD編著　小島克久、金子能宏訳
《OECD諸国における所得分布と貧困》
●5600円

地図でみる世界の地域格差
OECD地域指標(2013年版)オールカラー版
OECD編著　中澤高志、神谷浩夫監訳
都市集中と地域発展の国際比較
●5500円

メンタルヘルスと仕事・誤解と真実
OECD編著　岡部史信、田中香織訳
《OECDメンタルヘルスと仕事プロジェクト》
労働市場は心の病気にどう向き合うべきか
●4600円

世界の労働市場改革 OECD新雇用戦略
OECD編著　樋口美雄監訳
雇用の拡大と質の向上、所得の増大をめざして
●5000円

世界の高齢化と雇用政策
OECD編著　戎居皆和訳
エイジ・フレンドリーな政策による就業機会の拡大に向けて
●3000円

日本の労働市場改革 OECDアクティベーション政策レビュー：日本
OECD編著　濱口桂一郎訳
●3800円

日本の若者と雇用 OECD若年者雇用レビュー：日本
OECD編著　濱口桂一郎監訳　中島ゆり訳
●2800円

世界の若者と雇用
OECD編著　濱口桂一郎監訳　中島ゆり訳
学校から職業への移行を支援する
《OECD若年者雇用レビュー：統合報告書》
●3800円

〈価格は本体価格です〉

韓国の少子化と女性雇用
高齢化・男女格差社会に対応する人口・労働政策
裵海善
●2800円

韓国経済がわかる20講
援助経済・高度成長・経済危機・グローバル化の70年の歩み
裵海善
●2500円

現代韓国を知るための60章【第2版】
エリア・スタディーズ⑥ 石坂浩一、福島みのり編著
●2000円

中国の弱者層と社会保障
「改革開放」の光と影
埋橋孝文・于洋・徐荣編著
●3800円

ユーロ危機と欧州福祉レジームの変容
アクティベーションと社会的包摂
福原宏幸、中村健吾、柳原剛司編著
●3600円

格差と不安定のグローバル経済学
ガルブレイスの現代資本主義論
ジェームス・K・ガルブレイス著
塚原康博、鈴木賢志、馬場正弘、鑓田亨訳
●3800円

介護サービスへのアクセスの問題
介護保険制度における利用者調査・分析
李 恩心
●4000円

最低生活保障と社会扶助基準
先進8ヶ国における決定方式と参照目標
山田篤裕、布川日佐史、『貧困研究』編集委員会編
●3600円

近現代日本の家族形成と出生児数
子どもの数を決めてきたものは何か
石崎昇子
●2600円

高齢社会日本の雇用政策
OECD編著 清家篤監訳 山田篤裕、金明中訳
●2300円

子どもの貧困と教育機会の不平等
就学援助・学校給食・母子家庭をめぐって
鳶 咲子
●1800円

二極化する若者と自立支援
「若者問題」への接近
宮本みち子、小杉礼子編著
●1800円

若者と貧困
いま、ここからの希望を
若者の希望と社会③
湯浅誠、冨樫匡孝、上間陽子、仁平典宏編著
●2200円

反貧困のソーシャルワーク実践
NPO「ほっとポット」の挑戦
藤田孝典、金子 充編著
●1800円

貧困とはなにか
概念・言説・ポリティクス
ルース・リスター著 松本伊智朗監訳 立木勝訳
●2400円

生活困窮者への伴走型支援
経済的困窮と社会的孤立に対応するトータルサポート
奥田知志、稲月正、垣田裕介、堤圭史郎
●2800円

〈価格は本体価格です〉

講座 現代の社会政策 《全6巻》

A5判／上製
◎4,200円

いまから約一世紀前の1907年12月、当時の社会政策学会は工場法をテーマとした第一回大会を開催した。その後の十数年間、年一回の大会を開催し社会に対して喫緊の社会問題と社会政策に関する問題提起を行い、一定の影響を与えた。いま社会政策学会に集う学徒を中心に明石書店からこの〈講座 現代の社会政策〉を刊行するのは、形は異なるが、百年前のこのひそみに倣い、危機に追い込まれつつあった日本の社会政策の再構築を、本講座の刊行に尽力された社会政策を専攻する多くの学徒とともに願うからである。

〔シリーズ序文〔武川正吾〕より〕

第1巻 **戦後社会政策論**
玉井金五・佐口和郎 編著【第4回配本】

第2巻 **生活保障と支援の社会政策**
中川清・埋橋孝文 編著【第5回配本】

第3巻 **労働市場・労使関係・労働法**
石田光男・願興寺ひろ之 編著【第1回配本】

第4巻 **社会政策のなかのジェンダー**
木本喜美子・大森真紀・室住眞麻子 編著【第2回配本】

第5巻 **新しい公共と市民活動・労働運動**
坪郷實・中村圭介 編著【第3回配本】

第6巻 **グローバリゼーションと福祉国家**
武川正吾・宮本太郎 編著【第6回配本】

〈価格は本体価格です〉